LA CONJUGAISON PAS À PAS • FLE

Josée FAY-KAYAT

Remerciements très sincères à :

Aimé, mon mari
Stéphanie, ma fille et Dan, son mari
Nicolas, mon fils

pour leur soutien et leurs encouragements dans la réalisation de ce livre.

Et merci aussi à :

Gildas
Héloïse
Emily
Marie-Laure

pour leur amabilité et leurs précieux services si gentiment rendus.

Qu'ils soient assurés de ma profonde reconnaissance.

ISBN 978-2-7298-3451-7

32, rue Bargue 75740 Paris cedex 15

www.editions-ellipses.fr

INTRODUCTION

La conjugaison est l'une des difficultés de la langue française. Pourtant, quand on a compris son mécanisme, son utilisation devient simple et naturelle. Le but de ce livre est de montrer qu'il est possible de progresser avec aisance et facilité dans cette matière réputée difficile.

Cet ouvrage s'adresse aux personnes de langue étrangère, mais aussi aux Français qui souhaitent s'améliorer dans ce domaine. Il répond à leur besoin et à leur attente d'une manière à la fois globale et spécifique. Cette méthode progressive d'apprentissage leur permettra de se familiariser avec les verbes et ses déclinaisons, et leur servira de guide au fil des pages tout au long de leur parcours.

Ce travail est le résultat d'expériences acquises avec des personnes pour qui la conjugaison était un obstacle insurmontable.

Et à ce propos, je tiens à remercier : Nadia, Occimène, Gulène, Jean-François, Viana, Anilia, Maude (haïtiens), Island (marocaine), Patricia (espagnole), Danouta (polonaise), Céia (brésilienne), Loyda (bolivienne), Kévin (ivoirien) qui furent un moment mes élèves.

C'est grâce à eux et pour eux que j'ai écrit ce livre.

Josée FAY-KAYAT

Chap. 1

GÉNÉRALITÉS

A. À quoi sert la conjugaison ?

La conjugaison sert à mettre en action un verbe en le conjuguant aux temps **passé, présent** ou **futur** : *Il est parti* (**passé**). *Il part* (**présent**). *Il partira* (**futur**).

S'il n'est pas conjugué, un verbe n'a pas de sens précis. Conjuguer un verbe, au temps convenable, permet donc de rendre compréhensible une phrase, de traduire une pensée, d'exprimer la manière d'être d'une personne, d'un animal ou d'une chose.

Quand un verbe est à l'infinitif, il n'est pas conjugué. On reconnaît qu'un verbe est à l'infinitif quand il se termine par : -**er**, -**ir**, -**oir** ou -**re**.

Exemples : chant**er**, grand**ir**, recev**oir**, di**re** sont des verbes à **l'infinitif**.

B. Comment conjuguer un verbe ?

Pour conjuguer un verbe, il faut :

- utiliser les pronoms personnels : **je, tu, il/elle/on, nous, vous, ils/elles**
- retirer la terminaison du verbe à l'infinitif : chant~~**er**~~
- mettre à la place la terminaison qui convient : tu chant **es**

Les pronoms personnels utilisés sont des pronoms sujets. La terminaison du verbe se fera en fonction de son sujet et du temps utilisé.

Exemple avec le verbe **chanter** conjugué au présent de l'indicatif.

1re personne du singulier	**Je**	chant **e**
2e personne du singulier	**Tu**	chant **es**
3e personne du singulier	**Il/elle/on**	chant **e**
1re personne du pluriel	**Nous**	chant **ons**
2e personne du pluriel	**Vous**	chant **ez**
3e personne du pluriel	**Ils/elles**	chant **ent**

C. En français, il existe trois groupes de verbes

- ***Le premier groupe :***

  Ce sont les verbes dont l'infinitif se termine en -**er**

  Exemples : chant**er**, dans**er**, mang**er**
  sauf : le verbe *aller*

- ***Le deuxième groupe :***

  Ce sont les verbes dont l'infinitif se termine en -**ir** *et* en -**issons** quand on les conjugue avec **nous** au présent de l'indicatif.

  Exemples : fin**ir** ⇨ nous fin**issons**
  réfléch**ir** ⇨ nous réfléch**issons**

- ***Le troisième groupe :***

  Ce sont tous les autres verbes.

D. Le radical et la terminaison d'un verbe

Le verbe est formé de deux parties :
– le radical (1re partie)
– et la terminaison (2e partie)
On trouve donc le radical d'un verbe en lui enlevant sa terminaison.

Exemple :
Dans le verbe **danser** : **dans**- (c'est le radical)
-**er** (c'est la terminaison)

- ***Les verbes du 1er et du 2e groupe :***

  Certains verbes se conjuguent à partir de leur radical. C'est le cas de la plupart des verbes du 1er groupe et de tous les verbes du 2e groupe conjugués au présent, par exemple. Il est donc important de savoir différencier le radical de la terminaison d'un verbe à l'infinitif pour pouvoir le conjuguer correctement.

  Exemples avec les verbes : plier et rougir

  pli / er ⇨ je pli **e**

  pli- (c'est le radical) -**e** (c'est la terminaison)

  roug / ir ⇨ je roug **is**

  roug- (c'est le radical) -**is** (c'est la terminaison)

- ***Les verbes du 3e groupe :***

  Le 3e groupe a la particularité d'être formé de différents types de verbes.

  On peut diviser ce groupe en 4 catégories :

  1. Les verbes qui se terminent à l'infinitif en :
     -**oir** comme **recevoir**
  2. Les verbes qui se terminent à l'infinitif en :
     -**re** comme **rendre**
  3. Les verbes qui se terminent à l'infinitif en :
     -**ir** comme **courir** (qui ne font pas partie du 2e groupe *-ir/-issons*)
  4. et le verbe **aller**

Le radical et la terminaison de beaucoup de verbes du 3e groupe sont donc variables.

E. Les temps simples et les temps composés

- ***Les temps simples :***

Les verbes qui se conjuguent sans l'auxiliaire **être**, ni l'auxiliaire **avoir** appartiennent aux **temps simples**. Ils sont formés à partir de leur radical ou de leur infinitif auquel on ajoute la terminaison qui convient.

Exemple avec le verbe **parler** :

Je parl**e** (présent de l'indicatif)

Je parler**ai** (futur simple de l'indicatif)

Les temps simples ont donc une forme unique.

- ***Les temps composés :***

Les verbes qui se conjuguent avec l'auxiliaire **être** ou l'auxiliaire **avoir** et le participe passé du verbe appartiennent aux **temps composés**.

Exemples avec les verbes **arriver** et **parler** :

Je **suis** arrivé (passé composé)

J'**avais** parlé (plus-que-parfait)

Les temps composés ont une forme composée puisqu'ils comprennent deux éléments : l'auxiliaire + le participe passé.

F. Le participe passé dans la conjugaison

Un verbe conjugué avec l'auxiliaire **être** ou avec l'auxiliaire **avoir** devient un participe passé : *Nous avons marché* ⇨ *marché* est le participe passé.

Un verbe est au participe passé chaque fois qu'il est conjugué à un temps composé.

G. Le participe présent et le gérondif

- **Le participe présent** d'un verbe est formé généralement de son radical et de la terminaison -**ant** ou -**issant** : *jouer* ⇨ *jouant ; agir* ⇨ *agissant.*

  Trois exceptions : *avoir* ⇨ *ayant ;*
  être ⇨ *étant ;*
  savoir ⇨ *sachant.*
- **Le gérondif** est formé du participe présent précédé de **en** : *en jouant ; en agissant ; en ayant ; en étant ; en sachant.*
- Le participe présent et le gérondif sont invariables.

H. Les verbes impersonnels

Ce sont les verbes qui ne désignent aucune personne. Ils se conjuguent uniquement avec le pronom **il** : *il pleut ; il neige ; il faut.*

Certains verbes personnels peuvent être utilisés comme des verbes impersonnels. C'est le cas par exemple des verbes :

manquer ⇨ *il manque du sucre ;*

rester ⇨ *il reste du temps encore ;*

faire ⇨ *il fait beau…*

Exercices (corrigés page 203)

❶ À quel **groupe** appartiennent les verbes suivants :

chanter : .... finir : .... construire : .... voir : .... grandir : ....
cueillir : .... acheter : .... applaudir : ....

❷ Je sépare le **radical** de la **terminaison** des verbes d'après le modèle :

descendre ⇨ descend / **re**

manger ; choisir ; jeter ; réparer ; remuer ; saisir ; appeler ; apercevoir
apprendre ; créer

❸ J'indique si les verbes conjugués appartiennent aux **temps simples** ou aux **temps composés** d'après le modèle :

Il arrive : **temps simple** ; nous avons parlé : **temps composé**

Je mange : ....
J'ai mangé : ....
Tu mangeais : ....
Tu avais mangé : ....
Il mangera : ....
Il aura mangé : ....
Vous étiez partis : ....
Vous partiez : ....
Nous aurions compris : ....
Nous comprendrions : ....
Qu'ils viennent ! : ....
Qu'ils soient venus : ....

❹ J'écris le **participe présent** et le **gérondif** des verbes suivants :

Parler : participe présent : .... gérondif : ....

Réunir : participe présent : .... gérondif : ....

Mettre : participe présent : .... gérondif : ....

Exercices

Chap. 2

LE PRÉSENT DE L'INDICATIF

On utilise le **présent de l'indicatif** pour exprimer :
- un fait qui se passe à l'instant où l'on parle :
  J'écris une lettre à une amie.
- un fait qui ne va pas tarder à se produire :
  J'arrive dans quelques minutes.
- un fait qui se reproduit habituellement :
  Je prends une douche chaque matin.
- une situation qui dure :
  J'habite à Marseille depuis 30 ans.

A. Les verbes du premier groupe (-er)

Au **présent**, les terminaisons des verbes du 1er groupe sont :
-e, -es, -e, -ons, -ez, -ent

Exemple avec le verbe **danser**

Je	dans **e**
Tu	dans **es**
Il/elle/on	dans **e**
Nous	dans **ons**
Vous	dans **ez**
Ils/elles	dans **ent**

➡ Seule exception : le verbe *aller* qui appartient aux verbes du 3e groupe.

Exercices (corrigés page 203)

❶ Je conjugue au **présent** le verbe :

Tomber :

Je .... Nous ....

Tu .... Vous ....

Il/elle/on .... Ils/elles ....

❷ Je nomme **la personne** du verbe conjugué d'après le modèle :

Vous parlez : 2e personne du pluriel

Je mange : .... **Il** jardine : ....

Nous jouons : .... **Ils** plient : ....

❸ Je complète les phrases avec le **pronom sujet** (je, tu, il...) correspondant :

.... sautez haut. .... parles fort. .... jetons des papiers.

......, ..., ..., ... lance le ballon. (4 pronoms possibles)

❹ Je conjugue au **présent** (avec **tu** et **ils**) les verbes suivants :

Écouter :

– .... – ....

Travailler :

– .... – ....

Gagner :

– .... – ....

Exercices

Les verbes dont le radical se modifie (1) :

1. *Les verbes en* [**-cer** *comme* **percer**]

Je	perce
tu	perces
Il/elle/on	perce
Nous	per**ç**ons (avec un **-ç**)
Vous	percez
Ils/elles	percent

↳ Ces verbes prennent un **-ç** pour garder le son [se] avec **nous**.

2. *Les verbes en* [**-ger** *comme* **manger**]

Je	mange
Tu	manges
Il/elle/on	mange
Nous	mang**e**ons (avec **-eons**)
Vous	mangez
Ils/elles	mangent

↳ Ces verbes conservent l'**-e** après le **-g** pour garder le son [ge] avec **nous**.

3. *Les verbes en* [**-ayer** *comme* **payer**] *en* [**-uyer** *comme* **appuyer**] *et en* [**-oyer** *comme* **employer**]

J'	appu**i**e
Tu	appu**i**es
Il/elle/on	appu**i**e
Nous	appu**y**ons (**-y** comme à l'infinitif)
Vous	appu**y**ez (**-y** comme à l'infinitif)
Ils/elles	appu**i**ent

↳ Avec ces verbes, l'**-y** du radical devient **-i** ***sauf*** avec **nous** et **vous**.

Remarque

Avec les verbes en [**-ayer** comme **payer**] l'**-y** du radical peut être conservé à toutes les personnes : je bala**y**e, tu bala**y**es…

Exercices (corrigés page 203)

❶ Je conjugue au **présent** les verbes suivants :

Placer (verbe en **-cer**)

Je .... Nous ....

Tu .... Vous ....

Il/elle/on .... Ils/elles ....

Ranger (verbe en **-ger**)

– .... – ....

– .... – ....

– .... – ....

Nettoyer (verbe en **-yer**)

– .... – ....

– .... – ....

– .... – ....

❷ Je retrouve **l'infinitif** des verbes conjugués d'après le modèle :

Ce couturier ***crée*** de jolis modèles. C'est le verbe : **créer**.

Nous *lançons* une pierre. C'est le verbe : ....

Nous *nageons* dans la piscine. C'est le verbe : ....

Les feuilles *tournoient* au gré du vent. C'est le verbe : ....

Les enfants *essuient* le tableau. C'est le verbe : ....

Je *balaie* la cuisine. C'est le verbe : ....

Les verbes dont le radical se modifie (2) :

1. Les verbes en [-**eler** *comme* **appeler**]

J'	app**ell**e
Tu	app**ell**es
Il/elle/on	app**ell**e
Nous	app**el**ons (-**l** comme à l'infinitif)
Vous	app**el**ez (-**l** comme à l'infinitif)
Ils/elles	app**ell**ent

Ces verbes prennent généralement -**ll** ***sauf*** avec **nous** et **vous**.

- Excepté : ciseler, déceler, écarteler, geler, congeler, dégeler, marteler, modeler, peler… qui s'écrivent -**èl** ***sauf*** avec **nous** et **vous**.

Exemple avec le verbe **geler**

Je	g**è**le
Tu	g**è**les
Il/elle/on	g**è**le
Nous	g**el**ons (-**l** comme à l'infinitif)
Vous	g**el**ez (-**l** comme à l'infinitif)
Ils/elles	g**è**lent

Remarque

Quand un verbe commence par une voyelle comme **a**ppeler ou par un -**h** muet comme **h**abiter, le pronom **je** se transforme en **j'** ⇨ **j'**appelle ; **j'**habite.

Je compare : j'app**ell**e ; je g**è**le

2. Les verbes en [-**eter** *comme* **jeter**]

Je	je**tt**e
Tu	je**tt**es
Il/elle/on	je**tt**e
Nous	je**t**ons (-**t** comme à l'infinitif)
Vous	je**t**ez (-**t** comme à l'infinitif)
Ils/elles	je**tt**ent

Ces verbes prennent généralement -**tt** ***sauf*** avec **nous** et **vous**.

- Excepté : acheter, racheter, haleter, crocheter… qui s'écrivent -**èt** ***sauf*** avec **nous** et **vous**.

Exemple avec le verbe **acheter**

J'	ach**è**te
Tu	ach**è**tes
Il/elle/on	ach**è**te
Nous	ach**e**tons (-**e** comme à l'infinitif)
Vous	ach**e**tez (-**e** comme à l'infinitif)
Ils/elles	ach**è**tent

Je compare : je je**tt**e ; j'ach**èt**e

3. Les verbes à radical en [-e *muet comme* soulever]

Je	soul**è**ve
Tu	soul**è**ves
Il/elle/on	soul**è**ve
Nous	soul**e**vons (-**e** comme à l'infinitif)
Vous	soul**e**vez (-**e** comme à l'infinitif)
Ils/elles	soul**è**vent

↳ Avec ces verbes, -**e** devient -**è** ***sauf*** avec **nous** et **vous**.

4. Les verbes à radical en [-é *fermé comme* posséder]

Je	poss**è**de
Tu	poss**è**des
Il/elle/on	poss**è**de
Nous	poss**é**dons (-**é** comme à l'infinitif)
Vous	poss**é**dez (-**é** comme à l'infinitif)
Ils/elles	poss**è**dent

↳ Avec ces verbes, -**é** devient -**è** ***sauf*** avec **nous** et **vous**.

➡ Seule exception : le verbe **créer** qui garde l'-**é** fermé de l'infinitif à toutes les personnes :

Je cr**é**e, tu cr**é**es, il/elle/on cr**é**e, nous cr**é**ons, vous cr**é**ez, ils/elles cr**é**ent.

Exercices (corrigés pages 203-204)

❶ Je conjugue au **présent** les verbes suivants :

Renouveler :

Je	....	Nous	....
Tu	....	Vous	....
Il	....	Ils	....

Peler :

–	....	–	....
–	....	–	....
–	....	–	....

Projeter :

–	....	–	....
–	....	–	....
–	....	–	....

Crocheter :

–	....	–	....
–	....	–	....
–	....	–	....

Mener :

–	....	–	....
–	....	–	....
–	....	–	....

Procéder :

–	....	–	....
–	....	–	....
–	....	–	....

❷ Je conjugue au **présent**, aux personnes demandées, les verbes suivants :

Épeler : tu .... ⇨ **Peler** : tu ....

S'inquiéter : ils s' .... ⇨ **Compléter** : nous ....

Semer : je .... ⇨ **Célébrer** : nous ....

Exercices

Les verbes qui réclament une attention particulière :

1. *Les verbes en* **[-ier** *comme* **crier]** *en* **[-uer** *comme* **continuer]** ***et*** *en* **[-ouer** *comme* **jouer]**

Je	cri**e**		Je	continu**e**		Je	jou**e**
Tu	cri**es**		Tu	continu**es**		Tu	jou**es**
Il/elle/on	cri**e**		Il/elle/on	continu**e**		Il/elle/on	jou**e**
Nous	crions		Nous	continuons		Nous	jouons
Vous	criez		Vous	continuez		Vous	jouez
Ils/elles	crient		Ils/elles	continuent		Ils/elles	jouent

➯ Avec ces verbes, on n'oublie pas l'-**e** de la terminaison qui ne s'entend pas.

2. *Les verbes en* **[-guer** *comme* **conjuguer]** *et en* **[-quer** *comme* **fabriquer]**

Je	conjug**u**e
Tu	conjug**u**es
Il/elle/on	conjug**u**e
Nous	conjug**u**ons (avec -**u**ons)
Vous	conjug**u**ez
Ils/elles	conjug**u**ent

➯ Ces verbes gardent leur -**u** du radical à **toutes les personnes aux temps simples et aux temps composés.**

Remarque

Le nom correspondant au verbe en -**guer** s'écrit ***sans*** -**u**.
Ex. la navi**ga**tion (naviguer) ; la conju**gai**son (conjuguer).

Exercices (corrigés page 204)

❶ Je conjugue au **présent** les verbes suivants :

Remédier (verbe en **-ier**)

....

....

....

Distribuer (verbe en **-uer**)

....

....

....

Secouer (verbe en **-ouer**)

....

....

....

Distinguer (verbe en **-guer**)

....

....

....

❷ Je conjugue au **présent** les verbes suivants en utilisant **on :**

naviguer : ....

essuyer ....

déplier : ....

acheter : ....

remarquer : ....

B. Les verbes du deuxième groupe (-ir/-issons)

Au **présent,** les terminaisons des verbes du 2e groupe sont :
-is, -is, -it, -issons, -issez, -issent

Exemple avec le verbe **grandir**

Je	grand **is**
Tu	grand **is**
Il/elle/on	grand **it**
Nous	grand **issons**
Vous	grand **issez**
Ils/elles	grand **issent**

↳ Au présent, tous les verbes du 2e groupe se conjuguent à partir de leur radical comme **grandir**.

➡ Seule exception : le verbe *haïr* qui garde le tréma (¨) sur l'-**i** de son infinitif aux personnes du pluriel :
Je hais, tu hais, il/elle/on hait, nous haïssons, vous haïssez, ils/elles haïssent.

Remarque

haïr prend un tréma à toutes les personnes et à tous les temps de la conjugaison, *sauf* comme ici, aux personnes du singulier ainsi qu'à la 2e personne du singulier de l'impératif.

Exercices (corrigés page 204)

❶ Je conjugue au **présent** les verbes suivants :

Frémir :

....

....

....

Applaudir :

....

....

....

❷ J'écris au **présent** les verbes entre parenthèses :

Alix [elle] (remplir) .... son panier de cerises du jardin. En automne, les fleurs [elles] (se flétrir) ...., les feuilles [elles] (jaunir) .... et le temps [il] (se rafraîchir) .... Le muguet [il] (fleurir) .... au mois de mai. Nous (gravir) .... la colline. Vous (rougir) .... facilement.

C. Les verbes du troisième groupe (-oir ; -re ; -ir + aller)

Au **présent**, les terminaisons des verbes du 3e groupe, sauf exceptions, sont :

-s, -s, -t, -ons, -ez, -ent.

Exemple avec le verbe **courir**

Je	cour **s**
Tu	cour **s**
Il/elle/on	cour **t**
Nous	cour **ons**
Vous	cour **ez**
Ils/elles	cour **ent**

Les cas particuliers des verbes du 3e groupe :

Les verbes comme **cueillir**, **offrir**, **ouvrir**, **souffrir**, **tressaillir**... font :

Je	cueill**e**
Tu	cueill**es**
Il/elle/on	cueill**e**
Nous	cueill**ons**
Vous	cueill**ez**
Ils/elles	cueill**ent**

↳ Ces verbes ont les mêmes terminaisons que les verbes du 1er groupe.

Les verbes dont le radical se modifie (1) :

1. *Les verbes* pouvoir, vouloir, valoir

Je	**peux**		Je	**veux**		Je	**vaux**
Tu	**peux**		Tu	**veux**		Tu	**vaux**
Il/elle/on	peut		Il/elle/on	veut		Il/elle/on	vaut
Nous	pouvons		Nous	voulons		Nous	valons
Vous	pouvez		Vous	voulez		Vous	valez
Ils/elles	**peuvent**		Ils/elles	**veulent**		Ils/elles	valent

↳ Ces trois verbes prennent un **-x** avec **je** et **tu**.

Le radical des verbes **pouvoir** et **vouloir** se transforme ***sauf*** avec **nous** et **vous**.
Le radical du verbe **valoir** se transforme aux **trois personnes du singulier.**

2. Le verbe **asseoir**

J'	ass**ois**	ou	J'	ass**ieds**
Tu	ass**ois**	ou	Tu	ass**ieds**
Il/elle/on	ass**oit**	ou	Il/elle/on	ass**ied**
Nous	ass**oyons**	ou	Nous	ass**eyons**
Vous	ass**oyez**	ou	Vous	ass**eyez**
Ils/elles	ass**oient**	ou	Ils/elles	ass**eyent**

↳ Le verbe **asseoir** peut se conjuguer de deux manières différentes.
Le radical de ce verbe se transforme à **toutes les personnes**.

Remarque
Le verbe **asseoir** est surtout employé à la forme pronominale (**s'asseoir**).

3. Les verbes en **[-enir** *comme* **venir]**

Je	viens
Tu	viens
Il/elle/on	vient
Nous	**ven**ons (**ven**- comme à l'infinitif)
Vous	**ven**ez (**ven**- comme à l'infinitif)
Ils/elles	vie**nn**ent

↳ Le radical de ces verbes se transforme ***sauf*** avec **nous** et **vous**, et on écrit -**nn** avec **ils/elles.**

4. Le verbe **aller**

Je	**vais**
Tu	**vas**
Il/elle/on	**va**
Nous	**all**ons (**all**- comme à l'infinitif)
Vous	**all**ez (**all**- comme à l'infinitif)
Ils/elles	**vont**

↳ Le verbe **aller** est très irrégulier. Mais il garde l'orthographe de son radical avec **nous** et **vous.**

Exercice (corrigés page 204)

❶ Je conjugue au **présent** les verbes suivants :

Parcourir :

....	....
....	....
....	....

Offrir :

....	....
....	....
....	....

Pouvoir :

....	....
....	....
....	....

Tenir :

....	....
....	....
....	....

Aller :

....	....
....	....
....	....

Exercices

Les verbes dont le radical se modifie (2) :

1. *Les verbes en* [**-re** *comme* **dire, faire, écrire**]

Je	dis	Je	fais	J'	écris
Tu	dis	Tu	fais	Tu	écris
Il/elle/on	dit	Il/elle/on	fait	Il/elle/on	écrit
Nous	**disons**	Nous	**faisons**	Nous	**écrivons**
Vous	**dites**	Vous	**faites**	Vous	**écrivez**
Ils/elles	**disent**	Ils/elles	**font**	Ils/elles	**écrivent**

➪ Le radical de ces trois verbes se transforme aux **personnes du pluriel**. Les terminaisons des verbes **dire** et **faire** se modifient avec **vous** :

⇨ vous **dites**, vous **faites**.

Mais on écrit les verbes :

Rire (et sourire) — **rompre** (corrompre, interrompre)

Je	**ris**	Je	**romp**s
Tu	**ris**	Tu	**romp**s
Il/elle/on	**rit**	Il/elle/on	**romp**t
Nous	**ri**ons	Nous	**romp**ons
Vous	**ri**ez	Vous	**romp**ez
Ils/elles	**ri**ent	Ils/elles	**romp**ent

➪ Ces verbes se conjuguent à partir de leur radical (**ri**-) et (**romp**-)

2. *Les verbes en* [**-cevoir** *comme* **recevoir**]

Je	re**ç**ois
Tu	re**ç**ois
Il/elle/on	re**ç**oit
Nous	recevons (**recev**- comme à l'infinitif)
Vous	recevez (**recev**- comme à l'infinitif)
Ils/elles	re**ç**oivent

➪ Ces verbes prennent un **-ç** pour garder le son [se] et le radical se transforme ***sauf*** avec **nous** et **vous.**

3. Les verbes en [**-uire** *comme* **conduire**]

Je	conduis
Tu	conduis
Il/elle/on	conduit
Nous	condui**s**ons
Vous	condui**s**ez
Ils/elles	condui**s**ent

↳ Le radical de ces verbes se transforme aux **trois personnes du pluriel**.

Mais on écrit les verbes en [-**ure** comme **conclure**]

Je	**conclu**s
Tu	**conclu**s
Il/elle/on	**conclu**t
Nous	**conclu**ons
Vous	**conclu**ez
Ils/elles	**conclu**ent

↳ Ces verbes se conjuguent à partir de leur radical (**conclu**-).

4. Le verbe **convaincre** *(et vaincre)*

Je	convaincs
Tu	convaincs
Il/elle/on	convain**c** (avec un **c**)
Nous	convain**qu**ons
Vous	convain**qu**ez
Ils/elles	convain**qu**ent

↳ Le verbe **convaincre** est le seul verbe qui se termine au présent par un **-c** avec **il/elle/on**. Le radical se transforme aux **trois personnes du pluriel**.

Exercices (corrigés page 204)

❶ Je conjugue au **présent** les verbes suivants :

Satisfaire :

....

....

....

Inscrire :

....

....

....

❷ Je conjugue au **présent** (avec **je**, **il**, **nous**) les verbes suivants :

Exclure :

....

Apercevoir :

....

Interrompre :

....

Les verbes qui perdent un -t :

1. *Les verbes en* [**-tir** *comme* **partir**]

Je	par**s**
Tu	par**s**
Il/elle/on	part
Nous	partons
Vous	partez
Ils/elles	partent

➪ Ces verbes perdent le **-t** de leur radical avec **je et tu**.

➥ Seule exception : *vêtir* (revêtir, dévêtir) qui fait :

Je	vê**t**s
Tu	vê**t**s
Il/elle/on	vê**t**
Nous	vê**t**ons
Vous	vê**t**ez
Ils/elles	vê**t**ent

➪ Le verbe **vêtir** garde le **-t** de son radical à **toutes les personnes**.

2. *Les verbes en* [**-tre** *comme* **mettre** *et* **battre**]

Je	me**t**s
Tu	me**t**s
Il/elle/on	me**t**
Nous	mettons
Vous	mettez
Ils/elles	mettent

➪ Ces verbes perdent un **-t** de leur radical aux **personnes du singulier.**

3. *Les verbes en* [**-aître** *comme* **connaître**]

Je	connai**s**
Tu	connai**s**
Il/elle/on	connaî**t** (-**î** avant le -**t**)
Nous	connai**ss**ons
Vous	connai**ss**ez
Ils/elles	connai**ss**ent

➪ Ces verbes perdent le **-t** de leur radical ***sauf*** avec **il/elle/on**, et le radical se transforme aux **personnes du pluriel**.

Exercices (corrigés pages 204-205)

❶ Je conjugue au **présent** les verbes suivants :

Combattre :

....

....

....

Sentir :

....

....

....

❷ Je conjugue au **présent**, aux personnes demandées, les verbes suivants :

Remettre : je ....

Revêtir : ils ....

Détenir : il ....

Admettre : tu ....

Abattre : nous ....

Consentir : vous ....

Sortir : je ....

Disparaître : ils ....

Paraître : il ....

Apparaître : tu ....

Naître : nous ....

Connaître : vous ....

Les verbes en -dre

1. Les verbes qui perdent leur -d à toutes les personnes

a. Les verbes en **[-oindre** *comme* **joindre]**, *en* **[-aindre** *comme* **craindre]**, *en* [**-eindre** comme **peindre]**

Je	join**s**
Tu	join**s**
Il/elle/on	join**t**
Nous	joi**gn**ons
Vous	joi**gn**ez
Ils/elles	joi**gn**ent

Je	crain**s**
Tu	crain**s**
Il/elle/on	crain**t**
Nous	crai**gn**ons
Vous	crai**gn**ez
Ils/elles	crai**gn**ent

Je	pein**s**
Tu	pein**s**
Il/elle/on	pein**t**
Nous	pei**gn**ons
Vous	pei**gn**ez
Ils/elles	pei**gn**ent

b. Les verbes en **[-soudre** *comme* **résoudre]**

Je	résou**s**
Tu	résou**s**
Il/elle/on	résou**t**
Nous	rés**olv**ons
Vous	rés**olv**ez
Ils/elles	rés**olv**ent

↳ Ces verbes perdent le **-d** de leur radical à **toutes les personnes** et prennent un **-t** avec **il/elle/on**. Le radical se transforme aux **personnes du pluriel**.

Mais on écrit le verbe **coudre**

Je	cou**d**s
Tu	cou**d**s
Il/elle/on	cou**d**
Nous	cou**s**ons
Vous	cou**s**ez
Ils/elles	cou**s**ent

↳ Le verbe **coudre** garde le -**d** de son radical aux **personnes du singulier** parce que ce n'est pas un verbe en *-soudre*, mais un verbe en -**oudre**. Le radical se transforme aux **personnes du pluriel.**

2. Les verbes qui gardent leur -d aux personnes du singulier

Les verbes en [-**dre** comme **prendre**]

Je	prends
Tu	prends
Il/elle/on	prend
Nous	**pren**ons
Vous	**pren**ez
Ils/elles	**prenn**ent

↳ Les verbes qui se terminent par -**prendre** (com**prendre**, ap**prendre**...) gardent le -**d** de leur radical aux **trois personnes du singulier** seulement et prennent -**nn** avec **ils/elles.**

3. Les verbes qui gardent leur -d à toutes les personnes

Ce sont tous les autres verbes en [-**dre**].

descendre

Je	descen**d**s
Tu	descen**d**s
Il/elle/on	descen**d**
Nous	descen**d**ons
Vous	descen**d**ez
Ils/elles	descen**d**ent

répondre

Je	répon**d**s
Tu	répon**d**s
Il/elle/on	répon**d**
Nous	répon**d**ons
Vous	répon**d**ez
Ils/elles	répon**d**ent

perdre

Je	per**d**s
Tu	per**d**s
Il/elle/on	per**d**
Nous	per**d**ons
Vous	per**d**ez
Ils/elles	per**d**ent

tordre

Je	tor**d**s
Tu	tor**d**s
Il/elle/on	tor**d**
Nous	tor**d**ons
Vous	tor**d**ez
Ils/elles	tor**d**ent

↳ Ces verbes gardent le -**d** de leur radical à **toutes les personnes**.

Exercices (corrigés page 205)

❶ Je conjugue au **présent** les verbes suivants :

Suspendre :

....

....

....

Surprendre :

....

....

....

Correspondre :

....

....

....

Rejoindre :

....

....

....

❷ J'écris la **lettre finale** des verbes suivants :

Je refai.... Il introdui....

Je souri.... Il inclu....

Je perçoi.... Il rejoin....

J'interdi.... Il dissou....

❸ J'écris au **présent** les verbes suivants :

Entendre : nous .... ⇨ **Reprendre** : nous ....

Apprendre : vous .... ⇨ **Répandre** : vous ....

D. Liste des verbes courants dont le radical se modifie au présent de l'indicatif

(Verbes non cités dans les pages précédentes)

Acquérir + les verbes en -quérir	J'**acquiers**	Nous acquérons	Ils **acquièrent**
Boire	Je bois	Nous bu**v**ons	Ils boi**v**ent
Bouillir	Je bous	Nous bouillons	Ils bouillent
Croire	Je crois	Nous cro**y**ons	Ils croient
Devoir	Je d**oi**s	Nous devons	Ils d**oi**vent
Distraire + extraire, soustraire	Je distrais	Nous distra**y**ons	Ils distraient
Dormir + s'endormir, se rendormir	Je d**ors**	Nous dormons	Ils dorment
Fuir + s'enfuir	Je fuis	Nous fu**y**ons	Ils fuient
Lire + élire, relire	Je lis	Nous li**s**ons	Ils li**s**ent
Moudre	Je mouds	Nous mou**l**ons	Ils mou**l**ent
Mourir	Je m**eu**rs	Nous mourons	Ils m**eu**rent
Plaire + déplaire, se taire	Je plais	Nous plai**s**ons	Ils plai**s**ent
Savoir	Je s**ais**	Nous savons	Ils savent
Servir	Je **sers**	Nous servons	Ils servent
Suivre + poursuivre	Je s**uis**	Nous suivons	ils suivent
Vivre + revivre, survivre	Je vi**s**	Nous vivons	Ils vivent
Voir + prévoir, revoir	Je vois	Nous vo**y**ons	Ils voient

Exercices (corrigés page 205)

❶ J'écris au **présent** les verbes entre parenthèses :

Nous (voir) .... Danouta assez souvent. Les randonneurs [ils] (suivre) .... le sentier. Je (vivre) .... une expérience intéressante. Alessandro [il] (retenir) .... facilement ses leçons. Tu (conduire) .... bien maintenant. Dalila [elle] (lire) .... couramment.

❷ Je conjugue au **présent**, aux personnes demandées, les verbes suivants :

Concevoir : nous .... ⇨ **Prévoir :** nous ....

Croire : ils .... ⇨ **Voir** : ils ....

Faire : nous .... ⇨ **Faire** : vous ....

Dire : nous .... ⇨ **Dire** : vous ....

Boire : ils .... ⇨ **S'asseoir** : il s' ....

E. Les verbes : être et avoir

Le verbe **être** (sage) au présent				Le verbe **avoir** (froid) au présent		
Je	**suis**	sage		J'	**ai**	froid
Tu	**es**	sage		Tu	**as**	froid
Il	**est**	sage		Il	**a**	froid
Elle	**est**	sage		Elle	**a**	froid
Nous	**sommes**	sages		Nous	**avons**	froid
Vous	**êtes**	sage(s)		Vous	**avez**	froid
Ils	**sont**	sages		Ils	**ont**	froid
Elles	**sont**	sages		Elles	**ont**	froid

L'accord avec le verbe **être** :

Sage est un adjectif qualificatif. (voir page 44)

Avec le verbe **être**, l'adjectif qualificatif s'accorde avec le sujet ou (le pronom sujet) auquel il se rapporte.

Nous *sommes sages* : **sages** s'accorde avec **nous**.

C'est la 1re personne du pluriel.

Vous *êtes sages* : **sages** s'accorde avec **vous**.

C'est la 2e personne du pluriel. C'est un **vous** collectif.
On s'adresse à plusieurs personnes.

Vous *êtes sage* : **sage** s'accorde avec **vous**.

Ici, c'est un **vous** de politesse. C'est le singulier.
On s'adresse à une seule personne.

Ils *sont sages* : **sages** s'accorde avec **ils**.

C'est la 3e personne du pluriel.

L'accord avec le verbe **avoir** :

Froid est invariable car il est utilisé avec le verbe **avoir**.

L'utilisation des verbes *être* et *avoir* :

Être est utilisé pour :

- la nationalité : Je **suis** brésilienne.
- la situation familiale : Je **suis** célibataire.
- la profession : Je **suis** coiffeur.
- les adjectifs qualificatifs : Je **suis** grand.
- indiquer l'endroit où l'on se trouve : Je **suis** dans le salon.
- indiquer le jour ou la date : On **est** dimanche. On **est** le 1er avril.
- former des verbes aux temps composés : Je **suis** parti.

...

Avoir est utilisé pour :

- la possession : J'**ai** une maison.
- l'âge : J'**ai** 22 ans.
- les expressions : J'**ai** de la chance. J'**ai** raison. J'**ai** tort. J'**ai** le droit...
- exprimer un besoin : J'**ai** soif. J'**ai** faim. J'**ai** froid...
- exprimer une sensation ou un sentiment : J'**ai** mal. J'**ai** de la peine...
- former des verbes aux temps composés : J'**ai** parlé.

...

Les verbes **être** et **avoir** utilisés pour former des temps composés sont appelés « **auxiliaires** ».

Exercices (corrigés page 205)

(corrigés page 205)

❶ Je conjugue au **présent** les verbes **être** et **avoir** :

Être (jeune)	**avoir** (soif)
....	....
....	....
....	....
....	....
....	....
....	....

❷ Je complète les phrases suivantes avec l'auxiliaire **être** ou **avoir** conjugué au **présent** :

Vous .... dans la rue. Nous .... chaud. Il .... peur. Elles .... belles. Tu .... gagné. J' .... raison. Il .... ingénieur. Je .... portugaise. Ils .... de la chance.

F. L'orthographe et la conjugaison (1)

Il ne faut pas confondre :

on et **ont**

On chante. ⇨ **on**, c'est le sujet.
On pourrait dire : **il** chante.

Ils ont soif. ⇨ **ont**, c'est le verbe **avoir** à la 3e personne du pluriel.
On pourrait dire : il **a** soif.

son et **sont**

Il aime son fils. ⇨ **son** (fils), c'est le sien.
On pourrait dire : il aime **sa** fille.

Ils sont sages. ⇨ **sont**, c'est le verbe **être** à la 3e personne du pluriel.
On pourrait dire : il **est** sage.

et et **est**

Il aime le thé. ⇨ **et**, c'est une conjonction qui sert à relier deux mots ou deux groupes de mots.
On pourrait dire : il aime le thé **et aussi** le café.

Il est beau. ⇨ **est,** c'est le verbe **être** à la 3e personne du singulier.
On pourrait dire : ils **sont** beaux.

à et **a**

Elle va à l'église. ⇨ **à**, c'est une préposition qui désigne ici un lieu.

Elle a faim. ⇨ **a**, c'est le verbe **avoir** à la 3e personne du singulier.
On pourrait dire : elles **ont** faim.

Les terminaisons des verbes de même sonorité :

Au présent de l'indicatif, certains verbes de groupes différents ont une terminaison de même sonorité. Il faut penser au groupe auquel le verbe appartient pour pouvoir l'écrire correctement. Ainsi :

- *LES TERMINAISONS* EN [-**I**]

  [je pr**ie** / je bén**is**]

Je compare l'orthographe des terminaisons de ces deux verbes :

prier (1er groupe) et **bénir** (2e groupe)

Je pri **e**		Je bén **is**
Tu pri **es**		Tu bén **is**
Il/elle/on pri **e**		Il/elle/on bén **it**

↳ Le son de la terminaison des deux verbes est le même, mais l'orthographe est différente.

- *LES TERMINAISONS* EN [-**U**]

  [je rem**ue** / je concl**us**]

Je compare l'orthographe des terminaisons de ces deux verbes :

remuer (1er groupe) et **conclure** (3e groupe)

Je remu **e**		Je conclu **s**
Tu remu **es**		Tu conclu **s**
Il/elle/on remu **e**		Il/elle/on conclu **t**

↳ Le son de la terminaison de ces deux verbes est le même, mais l'orthographe est différente.

- *LES TERMINAISONS* EN [-**OI**]

  [je nett**oie** / je v**ois**]

Je compare l'orthographe des terminaisons de ces deux verbes :

nettoyer (1er groupe) et **voir** (3e groupe)

Je nettoi **e**		Je voi **s**
Tu nettoi **es**		Tu voi **s**
Il/elle/on nettoi **e**		Il/elle/on voi **t**

↳ Le son de la terminaison des deux verbes est le même, mais l'orthographe est différente.

• *LES TERMINAISONS* EN [-**OU**]
[je sec**oue** / je c**ouds** / **je résous**]

Je compare l'orthographe des terminaisons de ces trois verbes :

secouer (1er groupe)	**coudre** (3e groupe)	**résoudre** (3e groupe)
Je secou **e**	Je cou **ds**	Je résou **s**
Tu secou **es**	Tu cou **ds**	Tu résou **s**
Il/elle/on secou **e**	Il/elle/on cou **d**	Il/elle/on résou **t**

↳ Le son de la terminaison des trois verbes est le même, mais l'orthographe est différente.

Exercices (corrigés page 205)

Exercices

❶ Je complète les phrases avec **on** ou **ont** ; **son** ou **sont** :

..... est bien chez soi. Jane est ici avec ..... ami. Ils ..... bien tous les deux. Ils ..... beaucoup de points communs. En été, ... partira en vacances avec Adeline et ..... frère. Ils ..... ravis.

❷ Je complète les phrases avec **et** ou **est** :

Nadia ..... allée en Afrique ..... au Pérou. J'aime ma sœur ..... mon frère. ..... -ce que tu viens ce soir ? Pourquoi ..... -elle si triste. Angéla s'..... réjouie de ma visite ..... m'a remercié plusieurs fois. En automne, on plante des arbres ..... on ramasse les feuilles mortes. Loren ..... venue dimanche .... repartie lundi.

❸ Je complète les phrases avec **à** ou **a** :

Il ..... encore perdu son stylo. Nicolas ..... mangé toute sa soupe.

Nous sommes allés ..... la fête samedi. Marie-Thérèse ..... acheté un fer ..... repasser.

Patricia ..... donné un moulin ..... café ..... Rachid. ..... t-il bien appris sa leçon ?

Rappels

Au présent, les terminaisons des verbes du **1er groupe** sont :
-e, -es, -e, -ons, -ez, -ent
Les terminaisons des verbes du **2e groupe** sont :
-is, -is, -it, -issons, -issez, -issent
Les terminaisons des verbes du **3e groupe**, sauf exceptions, sont :
-s, -s, -t (ou **-d**) **-ons, -ez, -ent**

❹ Je conjugue au **présent**, aux personnes demandées, les verbes suivants d'après le modèle :

Verbes du 1er groupe		Verbes du 2e et du 3e groupe
Mendier : il mendie	⇨	**Interdire** : il interdit
Distribuer : il	⇨	**Inclure** : il ....
Lier : je	⇨	**Lire** : je ....
Expédier : il	⇨	**Dire** : Il ....
Secouer : elle	⇨	**Moudre** : elle ....
Employer : il	⇨	**Apercevoir :** il ....
Appuyer : tu	⇨	**Finir** : tu.................
Nettoyer : je	⇨	**Devoir** : je ....
Balayer : il	⇨	**Distraire** : il ....
Continuer : tu	⇨	**Conclure** : tu ....
Louer : elle	⇨	**Résoudre** : elle ....

Exercices

G. La grammaire et la conjugaison

Le verbe et son sujet :

Le verbe s'accorde avec son sujet. C'est pourquoi il est indispensable de savoir repérer le sujet dans une phrase.

Pour trouver le sujet d'un verbe, on se pose la question :

Qui est-ce qui ? devant le verbe.

Exemple : Nous dans**ons**.

Qui est-ce qui danse ? – C'est **nous** qui dansons.

Nous est le **sujet** de **dansons**.

⇨ J'accorde donc **dansons** avec **nous** qui est à la 1re personne du pluriel.

- ***Quelques cas particuliers :***

1. *Quand le sujet n'est pas un pronom personnel, mais un nom, le verbe se met soit à la 3e personne du singulier, soit à la 3e personne du pluriel :*

L'enfant (il) étudie. ⇨ 3e personne du singulier
sujet

Les passants (ils) se promènent. ⇨ 3e personne du pluriel
sujet

La souris (elle) mange du gruyère. ⇨ 3e personne du singulier
sujet

Mes amies (elles) arrivent ce soir. ⇨ 3e personne du pluriel
sujet

Mon frère et *ma sœur* (ils) dorment. ⇨ 3e personne du pluriel
sujet *sujet*

Remarque

Un mot masculin + un mot féminin = **ils**

2. *Parfois, le sujet est inversé :*

Au loin, à l'horizon, ***défilent des bateaux***.
verbe sujet

3. *Il peut y avoir plusieurs sujets pour un verbe :*

Un tableau, un vase et ***un chandelier décorent*** la pièce.
sujet sujet sujet verbe

➭ Le verbe se met alors au pluriel.

4. *À l'inverse, il peut y avoir un seul sujet et plusieurs verbes :*

L'étoile filante apparaît puis disparaît l'espace d'un instant.
sujet verbe verbe

➭ Le seul sujet est au singulier, tous les verbes s'y rapportant seront au singulier.

5. *Avec le sujet* **on**, *le verbe se conjugue toujours à la 3e personne du singulier.*

Exemples : On **arrive**.
On **est** bien ici.
On **a** de la chance.

6. *Un mot peut séparer le verbe de son sujet :*

Exemple : Je **les** regarde.
Qui est-ce qui regarde ? – C'est **je** qui regarde.
Je est le **sujet** de **regarde**.

⇨ J'accorde donc **regarde** avec **je** qui est à la 1re personne du singulier.

Remarque

Quand on conjugue un verbe à un temps simple, c'est-à-dire sans auxiliaire, il faut accorder le verbe avec son sujet, sans s'occuper du ou des mots intermédiaires.

L'adjectif qualificatif :

Comme son nom l'indique, l'adjectif qualificatif sert à qualifier une personne, un animal ou une chose. Il s'accorde *en genre et en nombre* avec le nom ou le pronom auquel il se rapporte.

- *Le genre,* c'est le masculin ou le féminin
- *Le nombre,* c'est le singulier ou le pluriel

Pour trouver l'adjectif qualificatif, on se pose la question :

Comment est ? ou **Comment sont ?**

(la personne, l'animal ou la chose)

Exemple : Les fleurs sont joli**es**.
Comment sont les fleurs ? – elles sont **jolies**.
jolies est un adjectif qualificatif

⇨ J'accorde donc jolies avec fleurs qui est au féminin/pluriel.

Remarques

1. Quand un adjectif qualificatif est directement relié au nom sans auxiliaire, la règle de l'accord est la même.

Les **petits**	***enfants*** aiment les	**belles** ***histoires***.
adj.qual.	nom masc./plur.	adj.qual. nom fém./plur.

2. Si un adjectif qualificatif se rapporte à la fois à un nom masculin et à un nom féminin, l'adjectif se met au masculin/pluriel.

Nicolas et Emily sont charmant***s*** et accueillant***s***.

Exercices (corrigés pages 205-206)

❶ Je souligne et j'indique (S) sous le **sujet** et (V) sous le **verbe** conjugué d'après le modèle :

La mer scintille sous le soleil.
S V

Les écoliers crient dans la cour. Le vent souffle dans les arbres. Nous aimons partir en vacances. Tu secoues le prunier. Le jardinier plante des choux. Nathalie et Valérie récoltent des noix. L'écureuil grimpe dans l'arbre et grignote des noisettes. Dans le ciel, se dessinent des nuages.

❷ J'écris sous le sujet souligné le **pronom personnel** correspondant d'après le modèle :

La mer scintill**e** sous le soleil.
(= elle)

Mes parents souhait**ent** aller au théâtre. Les fleurs embaum**ent** la pièce. Le chat s'amus**e** avec sa balle. Caroline sembl**e** bien jouer. La poule et le coq se dandin**ent** fièrement.

❸ J'écris au **présent** le verbe entre parenthèses en l'accordant avec son sujet d'après le modèle :

Elle vous (apporter) apporte une lettre.

Tu lui (parler) .... souvent. Il nous (écouter) .... Jean a perdu ses papiers. Il les (chercher) .... Le facteur a beaucoup de lettres. Il les (distribuer) .... chaque matin. Joséphine achète souvent des gâteaux. Elle les (aimer) .... beaucoup. Les enfants doivent prendre des vitamines. Je les leur (donner) .... chaque jour.

❹ J'accorde les **adjectifs qualificatifs** entre parenthèses d'après le modèle :

J'ai entendu une histoire (vrai) vrai**e**.

Ces pierres (précieuse) .... sont (rare) .... Hier, j'ai vu des étoiles (filant) .... J'ai renversé de l'encre (noir) .... sur ma veste (bleu) .... Ils sont (étonné) .... et (ravi) .... d'avoir gagné.

Exercices

Chap. 3

LE PASSÉ COMPOSÉ

On utilise le **passé composé** pour exprimer :
- un fait passé, terminé qui s'est déroulé à un moment donné :

  Dimanche dernier, je suis allé au Louvre.
- un fait passé dont l'effet se poursuit encore à l'instant où l'on en parle :

  J'ai fini mes devoirs.

A. La formation du passé composé

Pour former le **passé composé** d'un verbe :
- on utilise l'auxiliaire **avoir** ou l'auxiliaire **être** au présent de l'indicatif.
- puis on ajoute le participe passé du verbe que l'on veut conjuguer.

1. Exemple avec l'auxiliaire **avoir**

Le verbe **jouer** :

J'	**ai**	joué
=	avoir +	verbe au participe passé

2. Exemple avec l'auxiliaire **être**

Le verbe **arriver :**

Je	**suis**	arrivé
=	être +	verbe au participe passé

Les principaux verbes utilisés avec l'auxiliaire **être** sont :

Aller	Je suis	allé(e)
Arriver	Je suis	arrivé(e)
Entrer	Je suis	entré(e)

Descendre	Je suis	descendu(e)
Devenir	Je suis	devenu(e)
Monter	Je suis	monté(e)
Mourir	Je suis	mort (e)
Naître	Je suis	né(e)
Partir	Je suis	parti(e)
Passer	Je suis	passé(e)
Parvenir	Je suis	parvenu(e)
Rester	Je suis	resté(e)
Retourner	Je suis	retourné(e)
Revenir	Je suis	revenu(e)
Sortir	Je suis	sorti(e)
Tomber	Je suis	tombé(e)
Venir	Je suis	venu(e)
...		

B. L'accord du participe passé

Un verbe conjugué au **passé composé** devient un participe passé.

1. Quand il est employé avec l'auxiliaire **être** *:*

⇨ Le participe passé s'accorde en genre et nombre avec son sujet.

Exemple avec le verbe **entrer**

Masculin/singulier			Féminin/singulier		
Je	suis	entré	Je	suis	entrée
Tu	es	entré	Tu	es	entrée
Il	est	entré	Elle	est	entrée

Masculin/pluriel			Féminin/pluriel		
Nous	sommes	entrés	Nous	sommes	entrées
Vous	êtes	entrés	Vous	êtes	entrées
Ils	sont	entrés	Elles	sont	entrées

2. Quand il est employé avec l'auxiliaire **avoir** *:*

⇨ Le participe passé ne s'accorde ***jamais*** avec son sujet.

Exemple avec le verbe **danser**

J'	ai	dansé
Tu	as	dansé
Il	a	dansé
Elle	a	dansé
On	a	dansé
Nous	avons	dansé
Vous	avez	dansé
Ils	ont	dansé
elles	ont	dansé

C. Le participe passé et le complément d'objet direct

Le participe passé employé avec l'auxiliaire **avoir** ne s'accorde jamais avec le sujet du verbe, ***mais*** il s'accorde avec le complément d'objet direct (COD).

Il est donc important de savoir reconnaître le COD dans une phrase pour pouvoir accorder correctement le participe passé.

Le participe passé employé avec l'auxiliaire **avoir** s'accorde en genre et nombre avec le COD à condition que le COD soit placé ***avant*** le verbe. Si le COD est placé après le verbe ou en absence de COD, le participe passé reste invariable.

Pour trouver le COD, on se pose la question :

Qui ? ou **Quoi ?** après le verbe

Exemple 1 J'ai cueilli une rose.
J'ai cueilli **quoi** ? – une rose ⇨ **rose** est **COD**

Dans cet exemple, le COD **rose** est placé ***après*** le verbe *ai cueilli*, je n'accorde donc pas le participé passé **cueilli**.

Exemple 2 Voici la **rose *que*** j'ai cueilli**e** pour toi.
J'ai cueilli quoi ? – la rose ⇨ **rose** est **COD**.

Dans cet exemple, le COD **rose** (introduit par **que**) est placé ***avant*** le verbe *ai cueillie*, j'accorde donc le participe passé **cueillie** avec **rose** qui est au féminin/singulier.

Exemple 3 Les enfants ont jou**é** toute la journée.

Dans cet exemple, il n'y a pas de COD, je n'accorde donc pas le participe passé **joué**.

1. *Les pronoms compléments d'objet directs :*

Parfois, le COD n'est pas un nom, mais un pronom. Un pronom sert à remplacer un mot ou un groupe de mots déjà cité dans la phrase. Il évite ainsi une répétition. Un pronom peut être COD. C'est alors **un pronom COD**.

Exemple :

Sophie et Nathalie sont à Paris. Je **les** ai aperçues hier à Montmartre.

Les remplace « Sophie et Nathalie ». **Les** est donc un **pronom**.

J'ai aperçu **qui** ? – **les** (qui représente Sophie et Nathalie).

Les est un **COD**. **Les** est donc un **pronom COD**.

Le pronom COD **les** est placé ***avant*** le verbe *ai aperçues*. J'accorde donc le participe passé **aperçues** avec **les** qui est au féminin/pluriel.

Il en sera de même avec tous les pronoms COD. Les plus utilisés sont :

Le, la, les, l', me, m', te, t', se, nous, vous.

2. *Quelques exemples d'accords avec le pronom COD placé avant le verbe au participe passé :*

J'ai oublié ma ***montre***. ⇨ Je **l'**ai oubli**ée**.

l' *est mis pour* montre (féminin/singulier)

Tu as perdu tes ***clés***. ⇨ Tu **les** as perd**ues**.

les *est mis pour* clés (féminin/pluriel)

Il a fini ses ***devoirs***. ⇨ Il **les** a fini**s**.

les *est mis pour* devoirs (masculin/pluriel)

Je **t'**ai entend**ue**, Marie ! ⇨ J'ai entendu **qui ?** - **t'**

t' *est mis pour* Marie (féminin/singulier)

Il **nous** a oubli**és**. ⇨ Il a oublié **qui ?** - **nous**.

nous (masculin/pluriel)

Remarque

Quand on ne sait pas qui est **nous**, l'accord se fait au masculin/pluriel. C'est le cas ici.

Exercices (corrigés page 206)

❶ Je conjugue au **passé composé** les verbes suivants :

Parler :

....
....
....

Arriver : (au masculin)

....
....
....

❷ Je complète avec l'auxiliaire **être** ou **avoir** au **présent**, les phrases suivantes :

Hier, nous .... montés au 3e étage de la tour Eiffel. Mes parents .... revenus dimanche matin. Je .... tombé de l'échelle. Nous .... félicité les enfants. Tu .... trouvé du travail. Tu .... arrivé le premier. Elle .... reçu une lettre d'Amérique. Ils .... récompensé le vainqueur. Jane .... restée longtemps avec moi. Où ....-vous garé votre voiture ? Léonardo .... descendu de sa chaise.

❸ J'accorde, avec son sujet, **le participe passé** entre parenthèses employé avec l'auxiliaire **être** :

Nos amis sont (arrivé) .... Colette, tu es (venu) .... me voir ? Les oiseaux sont (sorti) .... de la cage. L'année dernière, Adeline est (retourné) .... dans son pays. Nous sommes (parti) .... en retard. Marcel est (naître) .... en Algérie.

❹ J'accorde, si nécessaire, avec le COD, le **participe passé** entre parenthèses employé avec l'auxiliaire **avoir** :

Rappel : Pour trouver le COD, je me pose la question **Qui ?** ou **Quoi ?** après le verbe.

Les trois petits cochons ont (construit) .... une maison. La maison que les trois petits cochons ont (construit) .... est solide. Hier, on a (vu) .... Nathalie. Elle nous a (remercié) .... pour notre cadeau. Marie-Laure a (parlé) .... aux enfants puis elle les a (embrassé) .... Les notes que nous avons (obtenu) .... nous ont (rassuré) ....

D. Les terminaisons du participe passé

▪ ***Avec les verbes du 1er groupe :***

Le participe passé se termine en **-é**

Exemple : j'ai dans**é**

▪ ***Avec les verbes du 2e groupe :***

Le participe passé se termine en **-i**

Exemple : j'ai grand**i**

▪ ***Avec les verbes du 3e groupe :***

Le participe passé se termine en **-é**, **-i**, **-is**, **-s**, **-u**, **-t**, **ert**

Exemples : je suis all**é**, j'ai sent**i**, j'ai m**is**, j'ai dissou**s**, j'ai cour**u**, j'ai fai**t**, j'ai off**ert**

▪ ***Les verbes du 1er groupe :***

Exemples avec les verbes :

appuyer (auxiliaire avoir)

J'	ai	appuyé
Tu	as	appuyé
Il	a	appuyé
Elle	a	appuyé
Nous	avons	appuyé
Vous	avez	appuyé
Ils	ont	appuyé
Elles	ont	appuyé

arriver (auxiliaire être)

Je	suis	arrivé (e)
Tu	es	arrivé (e)
Il	est	arrivé
Elle	est	arrivée
Nous	sommes	arrivé(e)s
Vous	êtes	arrivé(e)(s)
Ils	sont	arrivés
Elles	sont	arrivées

Remarques

1. Au passé composé, tous les verbes du 1er groupe conservent leur radical (**appuy-**) (**arriv-**) et le participé passé des verbes se termine en **-é**.
2. Le verbe **créer** s'écrit **-éé** (un **-é** pour le radical + un **-é** pour la terminaison du participe passé) :
J'ai cr**éé**, tu as cr**éé**, il/elle/on a cr**éé**, nous avons cr**éé**, vous avez cr**éé**, ils/elles ont cr**éé**.

▪ *Les verbes du 2e groupe :*

Exemple avec le verbe **grandir**

J'	ai	grandi
Tu	as	grandi
Il/elle/on	a	grandi
Nous	avons	grandi
Vous	avez	grandi
Ils	ont	grandi
Elles	ont	grandi

Remarques

1. Au passé composé, tous les verbes du **2e** groupe conservent leur radical (**grand**-) et le participe passé des verbes se termine en -**i**.
2. Au passé composé, il n'existe pas de verbes du **2e** groupe couramment utilisés, employés avec l'auxiliaire **être**.

▪ *Les verbes du 3e groupe :*

Les participes passés des verbes du 3e groupe se terminent en :
-é, -i, -is, -s, -u, -t, -ert

1. *Les verbes ayant un participe passé en* [**-é**]

Exemple avec le verbe **aller** (auxiliaire **être**)

J'	suis	allé(e)
Tu	es	allé(e)
Il	est	allé
Elle	est	allée
Nous	sommes	allé(e)s
Vous	êtes	allé(e)(s)
Ils	sont	allés
Elles	sont	allées

*D'autres verbes ayant un participe passé en -**é** :*

– Avec l'auxiliaire **avoir** : –

– Avec l'auxiliaire **être** : naître (né)

*2. Les verbes ayant un participe passé en [-**i**]*

Exemples avec les verbes :

sentir (auxiliaire avoir) — **partir** (auxiliaire être)

J'	ai	senti	Je	suis	parti (e)
Tu	as	senti	Tu	es	parti(e)
Il	a	senti	Il	est	parti
Elle	a	senti	Elle	est	partie
Nous	avons	senti	Nous	sommes	parti(e)s
Vous	avez	senti	Vous	êtes	parti(e)(s)
Ils	ont	senti	Ils	sont	partis
Elles	ont	senti	Elles	sont	parties

*D'autres verbes ayant un participe passé en **-i** :*

- Avec l'auxiliaire **avoir** : rire (ri), dormir (dormi), cueillir (cueilli), tressaillir (tressailli), bouillir (bouilli), fuir (fui), servir (servi), suivre (suivi)...
- Avec l'auxiliaire **être** : sortir (sorti)...

*3. Les verbes ayant un participe passé en [-**is**] et en [-**t**]*

Exemples avec les verbes :

mettre (auxiliaire avoir) — **joindre** (auxiliaire avoir)

J'	ai	mis	J'	ai	joint
Tu	as	mis	Tu	as	joint
Il/elle/on	a	mis	Il/elle/on	a	joint
Nous	avons	mis	Nous	avons	joint
Vous	avez	mis	Vous	avez	joint
Ils	ont	mis	Ils	ont	joint
Elles	ont	mis	Elles	ont	joint

*D'autres verbes ayant un participe passé en **-is** :*

- Avec l'auxiliaire **avoir** : prendre (pris) comprendre (compris) surprendre (surpris) apprendre (appris) remettre (remis) acquérir (acquis) asseoir (assis)...
- Avec l'auxiliaire **être** : –

*D'autres verbes ayant un participe passé en **-t** :*

- Avec l'auxiliaire **avoir** : faire (fait), refaire (refait), défaire (défait), satisfaire (satisfait), plaindre (plaint), craindre (craint), peindre (peint), dire (dit), écrire (écrit)...
- Avec l'auxiliaire **être** : –

*4. Les verbes ayant un participe passé en [-**u**]*

Exemples avec les verbes :

recevoir (auxiliaire avoir)

J'	ai	reçu
Tu	as	reçu
Il	a	reçu
Elle	a	reçu
Nous	avons	reçu
Vous	avez	reçu
Ils	ont	reçu
Elles	ont	reçu

venir (auxiliaire être)

Je	suis	venu(e)
Tu	es	venu(e)
Il	est	venu
Elle	est	venue
Nous	sommes	venu(e)s
Vous	êtes	venu(e)(s)
Ils	sont	venus
Elles	sont	venues

*D'autres verbes ayant un participe passé en -**u** :*

- Avec l'auxiliaire **avoir** : apercevoir (aperçu), battre (battu), boire (bu), connaître (connu), convaincre (convaincu), coudre (cousu), courir (couru), croire (cru), devoir (dû), lire (lu), pouvoir (pu), prévenir (prévenu), tenir (tenu), rendre (rendu), résoudre (résolu), valoir (valu), vivre (vécu), vouloir (voulu)...
- Avec l'auxiliaire **être** : parvenir (parvenu), revenir (revenu), se taire (tu)...

Remarque

J'ai **dû** : s'écrit avec un accent circonflexe pour ne pas le confondre avec l'article **du** ⇨Je bois **du** lait. Cet accent disparaît au féminin (due) et au pluriel (dus, dues).

*5. Les verbes ayant un participe passé en [-**ert**]*

Exemple avec le verbe **découvrir**

J'	ai	découvert
Tu	as	découvert
Il/elle/on	a	découvert
Nous	avons	découvert
Vous	avez	découvert
Ils	ont	découvert
Elles	ont	découvert

*D'autres verbes ayant un participe passé en **-ert** :*

– Avec l'auxiliaire **avoir** : ouvrir (ouvert) couvrir (couvert) offrir (offert) souffrir (souffert)...
– Avec l'auxiliaire **être** : –

E. Comment connaître la lettre finale du participe passé au masculin ?

Pourquoi écrit-on : j'ai sent**i** **(-i)** ; j'ai mi**s** **(-s)** ?

Pour le savoir, il suffit simplement de mettre le participe passé au féminin.

Exemple : J'ai **fait** ⇨ s'écrit avec un **-t** parce qu'au féminin, on dit ⇨ **faite** (une chose faite)

le participe passé :	s'écrit avec un :	parce qu'au féminin, on peut dire par exemple :
j'ai **aimé**	-é	une femme aimé**e**
j'ai **choisi**	-i	une histoire choisi**e**
j'ai **pris**	-s	une décision pri**se**
j'ai **lu**	-u	une note lu**e**
j'ai **écrit**	-t	une lettre écrit**e**
j'ai **offert**	-t	une fleur offert**e**

Remarque

Bien que les verbes **absoudre** et **dissoudre** aient un participe passé en **-s** (j'ai absou**s**, j'ai dissou**s**), on dira au féminin ⇨ une faute absou***te***, une assemblée dissou***te***.

Exercices (corrigés page 206)

❶ Je conjugue au **passé composé** les verbes suivants :

Applaudir :

....
....
....

Remettre :

....
....
....

Partir : (au masculin)

....
....
....

Venir : (au féminin)

....
....
....

Rejoindre :

....
....
....

Faire :

....
....
....

❷ Je complète les phrases avec les verbes entre parenthèses que j'écris **au passé composé** en accordant si nécessaire le participe passé :

Rappel : avec être ⇨ J'accorde le participe passé avec le sujet.

avec avoir ⇨ J'accorde le participe passé avec le COD s'il est placé avant le verbe.

Nous (arriver) .... en retard. Le vent (souffler) .... toute la nuit. La robe que tu (acheter) .... te va bien. Louisette et Mélissa (faire) .... leurs bagages et elles (partir) .... en Italie. Nous les (accompagner) .... à l'aéroport.

F. Les auxiliaires : être et avoir

le verbe **être** (sage) au passé composé				le verbe **avoir** (froid)au passé composé			
J'	**ai**	**été**	sage	J'	**ai**	**eu**	froid
Tu	**as**	**été**	sage	Tu	**as**	**eu**	froid
Il	**a**	**été**	sage	Il	**a**	**eu**	froid
Elle	**a**	**été**	sage	Elle	**a**	**eu**	froid
On	**a**	**été**	sage(s)	On	**a**	**eu**	froid
Nous	**avons**	**été**	sages	Nous	**avons**	**eu**	froid
Vous	**avez**	**été**	sage(s)	Vous	**avez**	**eu**	froid
Ils	**ont**	**été**	sages	Ils	**ont**	**eu**	froid
Elles	**ont**	**été**	sages	Elles	**ont**	**eu**	froid
Avec l'auxiliaire **être** : **été** est toujours invariable				Avec l'auxiliaire **avoir** : **eu** est invariable (dans ce cas)			

Remarques

1. Pour conjuguer l'auxiliaire **être** à un temps composé, on utilise l'auxiliaire **avoir** + **été**.
2 Pour conjuguer l'auxiliaire **avoir** à un temps composé, on utilise l'auxiliaire **avoir** + **eu**.

Les cas particuliers dans le choix des auxiliaires :

Certains verbes comme **monter, descendre, passer**... se conjuguent soit avec l'auxiliaire **être,** soit avec l'auxiliaire **avoir**.

C'est le COD ou l'absence de COD qui décidera du choix.

Sans COD, j'utilise **être** : Je suis monté sur une chaise.
Avec un COD, j'utilise **avoir** : J'ai monté ***la table*** au grenier.
Sans COD, j'utilise **être** : Je suis descendu rapidement.
Avec un COD, j'utilise **avoir** : J'ai descendu ***le piano*** à la cave.
Sans COD, j'utilise **être** : Je suis passé chez toi.
Avec un COD, j'utilise **avoir** : J'ai passé ***du temps*** avec toi.

On : singulier ou pluriel ?

On a été sag**e** ⇨**on** est singulier. (On parle en règle générale.)

Exemple : Quand **on** a été sag**e**, **on** est récompens**é**.

On a été sage**s** ⇨**on** est pluriel. (Plusieurs personnes parlent d'elles-mêmes.)

Exemple : **On** a été sage**s**, **on** sera donc récompensé**s**.

Exercices (corrigés page 207)

❶ Je conjugue au **passé composé** les auxiliaires suivants :

Être (agréable)	**Avoir** (peur)
....	....
....	....
....	....
On	On ....
....	....
....	....
....	....

❷ J'écris les **participes passés** des verbes à l'infinitif d'après le modèle :

Prendre : pris

Essuyer : .... **Naître** : ....

Rire : .... **Fuir** : ....

Comprendre : .... **Acquérir** : ....

Asseoir : .... **Décevoir** : ....

Devoir : .... **Croire** : ....

❸ Je conjugue au **passé composé** (avec **tu** et **nous**) les verbes ci-après en utilisant **être** ou **avoir** comme il convient :

Sortir hier

....

Sortir la voiture

....

Monter dans l'ascenseur

....

Monter les œufs en neige

....

❹ J'accorde l'adjectif qualificatif **content** (avec **on**) suivant le sens de la phrase :

On est (content) .... quand on a réussi.

On est (content) .... Sébastien, Delphine et moi, on a réussi !

Exercices

Chap. 4

L'IMPARFAIT DE L'INDICATIF

On utilise l'**imparfait de l'indicatif** pour décrire une action passée.
Il sert à exprimer :

– un fait qui a duré pendant une certaine période :

Quand j'**étais** petite, j'**allais** à l'école près d'une ferme.

– un fait qui se répétait régulièrement :

Mon père **partait** travailler très tôt le matin et quand il **rentrait** le soir, il **se reposait** un moment dans son grand fauteuil.

On utilise aussi l'imparfait :

– après **si** :

Si j'**avais** le temps, j'irais (conditionnel) la voir plus souvent.

– pour raconter une histoire au passé dans une œuvre littéraire :

Il **était** une fois un homme et une femme qui **vivaient** heureux dans leur chaumière…

A. Les verbes du premier groupe (-er)

À l'**imparfait**, les terminaisons des verbes du 1er groupe sont :
-ais, -ais, -ait, -ions, -iez, -aient

Exemple avec le verbe **danser**

Je	dans **ais**
Tu	dans **ais**
Il/elle/on	dans **ait**
Nous	dans **ions**
Vous	dans **iez**
Ils/elles	dans **aient**

Les verbes comme **danser** dont le radical ne se modifie pas, notamment :

1. *Les verbes en [-**eler** comme **appeler** ou **geler**] et en [-**eter** comme **jeter** ou **acheter**]*

J'	**appel**ais		Je	**jet**ais
Tu	**appel**ais		Tu	**jet**ais
Il/elle/on	**appel**ait		Il/elle/on	**jet**ait
Nous	**appel**ions		Nous	**jet**ions
Vous	**appel**iez		Vous	**jet**iez
Ils/elles	**appel**aient		Ils/elles	**jet**aient

2. *Les verbes à radical en [-**e** muet comme **soulever**] ou en [-**é** fermé comme **posséder**]*

Je	**soulev**ais		Je	**posséd**ais
Tu	**soulev**ais		Tu	**posséd**ais
Il/elle/on	**soulev**ait		Il/elle/on	**posséd**ait
Nous	**soulev**ions		Nous	**posséd**ions
Vous	**soulev**iez		Vous	**posséd**iez
Ils/elles	**soulev**aient		Ils/elles	**posséd**aient

3. *Le verbe **aller***

J'	**all**ais
Tu	**all**ais
Il/elle/on	**all**ait
Nous	**all**ions
Vous	**all**iez
Ils/elles	**all**aient

↳ Contrairement au présent, ces verbes se conjuguent, à l'imparfait, tout simplement à partir de leur radical.

Exercices (corrigés page 207)

❶ Je conjugue à l'**imparfait** les verbes suivants :

Renouveler :

....

....

....

Peler :

....

....

....

❷ Je conjugue à l'**imparfait**, aux personnes demandées, les verbes suivants :

Acheter : (avec **je** et **nous**)

....

Relever : (avec **tu** et **vous**)

....

Espérer : (avec **il** et **ils**)

....

Les verbes dont le radical se modifie :

1. *Les verbes en* [-**cer** *comme* **percer**]

Je	perçais
Tu	perçais
Il/elle/on	perçait
Nous	percions (-**c** comme à l'infinitif)
Vous	perciez (-**c** comme à l'infinitif)
Ils/elles	perçaient

↳ Ces verbes prennent un -**ç** pour garder le son [se] ***sauf*** avec **nous** et **vous**.

2. *Les verbes en* [-**ger** *comme* **manger**]

Je	mang**e**ais
Tu	mang**e**ais
Il/elle/on	mang**e**ait
Nous	mangions (-**gions**)
Vous	mangiez (-**giez**)
Ils/elles	mang**e**aient

↳ Ces verbes conservent l'-**e** après le -**g** pour garder le son [ge] ***sauf*** avec **nous** et **vous**.

Les verbes qui réclament une attention particulière :

1. *Les verbes comprenant* [-**ll** *comme* **travailler**] *ou* [-**gn** *comme* **gagner**]

Je	travaillais		Je	gagnais
Tu	travaillais		Tu	gagnais
Il/elle/on	travaillait		Il/elle/on	gagnait
Nous	travaill**i**ons (avec -**i**)		Nous	gagn**i**ons (avec -**i**)
Vous	travaill**i**ez (avec -**i**)		Vous	gagn**i**ez (avec -**i**)
Ils/elles	travaillaient		Ils/elles	gagnaient

↳ Avec ces verbes, on n'oublie pas l'-**i** de la terminaison de l'imparfait avec **nous** et **vous**.

*2. Les verbes en [-**yer** comme **appuyer**]*

J'	appu**y**ais
Tu	appu**y**ais
Il/elle/on	appu**y**ait
Nous	appu**yi**ons (avec -y**i**)
Vous	appu**yi**ez (avec -y**i**)
Ils/elles	appu**y**aient

↬ Ces verbes gardent l'-**y** de leur radical à **toutes les personnes**, et on n'oublie pas l'-**i** de la terminaison de l'imparfait avec **nous** et **vous**.

*3. Les verbes en [-**ier** comme **crier**]*

Je	criais
Tu	criais
Il/elle/on	criait
Nous	cr**ii**ons (avec -**ii**)
Vous	cr**ii**ez (avec -**ii**)
Ils/elles	criaient

↬ Avec ces verbes, on écrit bien -**ii** avec **nous** et **vous** (un -**i** pour le radical + un -**i** pour la terminaison de l'imparfait).

*4. Les verbes en [-**uer** comme **continuer**] et en [-**ouer** comme **jouer**]*

Je	continuais
Tu	continuais
Il/elle/on	continuait
Nous	continu**i**ons (avec un seul -**i**)
Vous	continu**i**ez (avec un seul -**i**)
Ils/elles	continuaient

Je	jouais
Tu	jouais
Il/elle/on	jouait
Nous	jou**i**ons (avec un seul -**i**)
Vous	jou**i**ez (avec un seul -**i**)
Ils/elles	jouaient

↬ Avec ces verbes, on n'écrit qu'un seul -**i** (celui de la terminaison de l'imparfait) car le radical n'en contient pas.

Exercices (corrigés page 207)

❶ Je conjugue à l'**imparfait** les verbes suivants :

Tracer :

....
....
....

Nager :

....
....
....

Conseiller : (avec **je, tu, il**)

– .... – .... – ....

Regagner : (avec **nous, vous, ils**)

– .... – .... – ....

❷ Je complète les phrases avec les verbes entre parenthèses que j'écris à l'**imparfait** :

Attila, roi des Huns, (ravager) .... tout sur son chemin et l'on raconte que, là où il (passer) ...., l'herbe ne (repousser) .... plus. Le menuisier de mon quartier (fabriquer) .... de jolis meubles. On (acheter) .... tout chez lui.

❸ Je conjugue à l'**imparfait** les verbes suivants :

Nettoyer :

....
....
....

Oublier :

....
....
....

❹ Je complète les phrases avec les verbes entre parenthèses que j'écris à l'**imparfait** :

Quand nous étions petits, nous nous (réveiller) .... tôt le matin. Maman nous (accompagner) .... à l'école. Chaque fois que nous (travailler) .... bien, elle nous (récompenser) .... Encouragés, le lendemain, nous (continuer) .... à bien nous appliquer et nous (obtenir) .... encore de bonnes notes.

Exercices

B. *Les verbes du deuxième groupe (-ir/-issons)*

À l'**imparfait,** les terminaisons des verbes du **2e** groupe sont :
-issais, -issais, -issait, -issions, -issiez, -issaient

Exemple avec le verbe **grandir**

Je	grand **issais**
Tu	grand **issais**
Il/elle/on	grand **issait**
Nous	grand **issions**
Vous	grand **issiez**
Ils/elles	grand **issaient**

↳ À l'imparfait, tous les verbes du **2e** groupe se conjuguent à partir de leur radical comme **grandir**.

Exercices (corrigés page 207-208)

Exercices

❶ Je conjugue à l'**imparfait** les verbes suivants :

Saisir :

....

....

....

Accomplir :

....

....

....

❷ Je complète les phrases avec les verbes entre parenthèses que j'écris à l'**imparfait** :

Autrefois, les hommes se (nourrir) .... des produits de la chasse, de la cueillette et de la pêche. Pour s'abriter, les Gaulois (bâtir) .... des huttes. Au loin, les nuages (noircir) .... l'horizon et (assombrir) .... le paysage. Nous nous (réjouir) .... de voir notre père si heureux chaque fois que nous (réussir) .... un examen.

C. Les verbes du troisième groupe (-oir ; -re ; -ir + aller)

À l'**imparfait**, les terminaisons des verbes du 3e groupe sont :
-ais, -ais, -ait, -ions, -iez, -aient

Exemple avec le verbe **courir**

Je	cour **ais**
Tu	cour **ais**
Il/elle/on	cour **ait**
Nous	cour **ions**
Vous	cour **iez**
Ils/elles	cour **aient**

➯ Ce sont les mêmes terminaisons que celles du 1er groupe.

Les verbes comme **courir** *dont le radical ne se modifie pas, notamment :*

1. *Les verbes comme* **cueillir, offrir, ouvrir, souffrir, tressaillir...** *et les verbes* **pouvoir, vouloir, valoir**

Je	**cueill**ais		Je	**pouv**ais
Tu	**cueill**ais		Tu	**pouv**ais
Il/elle/on	**cueill**ait		Il/elle/on	**pouv**ait
Nous	**cueill**ions		Nous	**pouv**ions
Vous	**cueill**iez		Vous	**pouv**iez
Ils/elles	**cueill**aient		Ils/elles	**pouv**aient

2. *Les verbes en* **[-enir** *comme* **venir]** *en* **[-tir** *comme* **partir]** *en* **[-tre** *comme* **mettre]** *et en* **[-dre** *comme* **descendre]**

Je	**ven**ais		Je	**part**ais
Tu	**ven**ais		Tu	**part**ais
Il/elle/on	**ven**ait		Il/elle/on	**part**ait
Nous	**ven**ions		Nous	**part**ions
Vous	**ven**iez		Vous	**part**iez
Ils/elles	**ven**aient		Ils/elles	**part**aient

Je	**mett**ais		Je	**descend**ais
Tu	**mett**ais		Tu	**descend**ais
Il/elle/on	**mett**ait		Il/elle/on	**descend**ait
Nous	**mett**ions		Nous	**descend**ions
Vous	**mett**iez		Vous	**descend**iez
Ils/elles	**mett**aient		Ils/elles	**descend**aient

3. *Les verbes en* [-**cevoir** *comme* **recevoir**] *et en* [-**oir** *comme* **devoir**]

Je	**recev**ais		Je	**dev**ais
Tu	**recev**ais		Tu	**dev**ais
Il/elle/on	**recev**ait		Il/elle/on	**dev**ait
Nous	**recev**ions		Nous	**dev**ions
Vous	**recev**iez		Vous	**dev**iez
Ils/elles	**recev**aient		Ils/elles	**dev**aient

4. *Les verbes en* [-**ure** *comme* **conclure**]

Je	**conclu**ais
Tu	**conclu**ais
Il/elle/on	**conclu**ait
Nous	**conclu**ions
Vous	**conclu**iez
Ils/elles	**conclu**aient

↳ La conjugaison de ces verbes à l'imparfait est très simple puisqu'ils se conjuguent à partir de leur radical.

Exercices (corrigés page 208)

❶ Je conjugue à l'**imparfait**, aux personnes demandées, les verbes suivants :

Dormir : (avec **je** et **tu**)

....

Découvrir : (avec **nous** et **vous**)

....

Vouloir : (avec **il** et **ils**)

....

Battre : (avec **je, il, nous**)

....

❷ Je conjugue à l'**imparfait** le verbe suivant :

Rire :

....

....

....

❸ Je récris à **l'imparfait** les phrases suivantes :

Ces plantes deviennent belles.

....

Nous accueillons des amis.

....

Ce bibelot ne vaut rien.

....

Je tressaille de joie.

....

Les verbes dont le radical se modifie :

1. *Les verbes en [-**uire** comme **conduire**] en [-**re** comme **dire**] et en [-**dre** comme **coudre**]*

Je	conduisais	Je	disais	Je	cousais
Tu	conduisais	Tu	disais	Tu	cousais
Il/elle/on	conduisait	Il/elle/on	disait	Il/elle/on	cousait
Nous	conduisions	Nous	disions	Nous	cousions
Vous	conduisiez	Vous	disiez	Vous	cousiez
Ils/elles	conduisaient	Ils/elles	disaient	Ils/elles	cousaient

↳ Le radical des verbes **conduire** et **dire** prend un **-s** à **toutes les personnes**.
Le radical du verbe **coudre** perd son **-d**, et à la place, il prend un **-s** à **toutes les personnes**.

2. *Les verbes en [-**aître** comme **connaître**] et en [-**dre** comme **prendre**]*

Je	connaissais	Je	prenais
Tu	connaissais	Tu	prenais
Il/elle/on	connaissait	Il/elle/on	prenait
Nous	connaissions	Nous	prenions
Vous	connaissiez	Vous	preniez
Ils/elles	connaissaient	Ils/elles	prenaient

↳ Le radical du verbe **connaître** perd son **-t**, et à la place, il prend **-ss** à **toutes les personnes.**
Le radical du verbe **prendre** perd son **-d** à **toutes les personnes**.

3. *Les verbes en [-**oindre** comme **joindre**], en [-**aindre** comme **craindre**] et en [-**eindre** comme **peindre**]*

Je	joi**gn**ais		Je	crai**gn**ais		Je	pei**gn**ais
Tu	joi**gn**ais		Tu	crai**gn**ais		Tu	pei**gn**ais
Il/elle/on	joi**gn**ait		Il/elle/on	crai**gn**ait		Il/elle/on	pei**gn**ait
Nous	joi**gn**ions		Nous	crai**gn**ions		Nous	pei**gn**ions
Vous	joi**gn**iez		Vous	crai**gn**iez		Vous	pei**gn**iez
Ils/elles	joi**gn**aient		Ils/elles	crai**gn**aient		Ils/elles	pei**gn**aient

➭ Le radical de ces verbes perd son -**d** et se transforme en -**gn** à **toutes les personnes**.

4. *Les verbes en [-**soudre** comme **résoudre**]*

Je	rés**olv**ais
Tu	rés**olv**ais
Il/elle/on	rés**olv**ait
Nous	rés**olv**ions
Vous	rés**olv**iez
Ils/elles	rés**olv**aient

➭ Le radical du verbe **résoudre** perd son -**d** et se transforme à **toutes les personnes.**

Exercices (corrigés page 208)

❶ Je conjugue à l'**imparfait** les verbes suivants :

Paraître :

....
....
....

Entreprendre :

....
....
....

Lire :

....
....
....

Éteindre :

....
....
....

Instruire :

....
....
....

❷ Je complète les phrases avec les verbes entre parenthèses que j'écris à l'**imparfait :**

Quand j'étais petite, j'(apprendre) .... facilement ce que l'on m'(enseigner) .... Je (lire) .... vite et j'(écrire) .... bien. Mais j'(obéir) .... difficilement et la maîtresse me (punir) .... souvent. Pourtant, je (sentir) .... qu'elle m'(apprécier) .... beaucoup.

D. Liste des verbes courants dont le radical se modifie à l'imparfait de l'indicatif

(Verbes non cités dans les pages précédentes)

Asseoir	J'ass**oy**ais ou J'ass**ey**ais	Nous ass**oy**ions ou Nous ass**ey**ions	Ils ass**oy**aient ou Ils ass**ey**aient
Boire	Je bu**v**ais	Nous bu**v**ions	Ils bu**v**aient
Convaincre + vaincre	Je convain**qu**ais	Nous convain**qu**ions	Ils convain**qu**aient
Croire	Je cro**y**ais	Nous cro**y**ions	Ils cro**y**aient
Distraire +extraire, soustraire	Je distra**y**ais	Nous distra**y**ions	Ils distra**y**aient
Écrire +inscrire, prescrire, souscrire, transcrire	J'écri**v**ais	Nous écri**v**ions	Ils écri**v**aient
Faire + défaire, refaire, satisfaire	Je fai**s**ais	Nous fai**s**ions	Ils fai**s**aient
Fuir + s'enfuir	Je fu**y**ais	Nous fu**y**ions	Ils fu**y**aient
Lire + élire, relire	Je li**s**ais	Nous li**s**ions	Ils li**s**aient
Moudre	Je mou**l**ais	Nous mou**l**ions	Ils mou**l**aient
Plaire + déplaire, se taire	Je plai**s**ais	Nous plai**s**ions	Ils plai**s**aient
Voir + prévoir, revoir	Je vo**y**ais	Nous vo**y**ions	Ils vo**y**aient

➪ Avec l'habitude, on se familiarise avec ces verbes et leur emploi devient naturel.

Une astuce

Pour écrire un verbe à l'imparfait, il faut s'aider du présent de l'indicatif. Prenons pour exemple : le verbe **boire**.
Au présent, le radical du verbe **boire** se modifie. **Boire** devient :
nous **buv**ons, vous **buv**ez.
À l'imparfait, je garde donc le radical **buv-** du présent et j'ajoute les terminaisons de l'imparfait :

Je	**buv** ais
Tu	**buv** ais
Il/elle/on	**buv** ait
Nous	**buv** ions
Vous	**buv** iez
Ils/elles	**buv** aient

Exercice (corrigés page 208)

❶ Je conjugue à l'**imparfait** les verbes suivants :

Fuir :

....

....

....

Satisfaire :

....

....

....

Plaindre :

....

....

....

Apercevoir :

....

....

....

E. Les verbes : être et avoir

Le verbe **être** (poli) à l'imparfait			Le verbe **avoir** (froid) à l'imparfait		
J'	**étais**	poli(e)	J'	**avais**	froid
Tu	**étais**	poli(e)	Tu	**avais**	froid
Il	**était**	poli	Il	**avait**	froid
elle	**était**	polie	Elle	**avait**	froid
Nous	**étions**	poli(e)s	Nous	**avions**	froid
Vous	**étiez**	poli(e)(s)	Vous	**aviez**	froid
Ils	**étaient**	polis	Ils	**avaient**	froid
Elles	**étaient**	polies	Elles	**avaient**	froid

Exercices

Exercices (corrigés page 208)

❶ Je conjugue à l'**imparfait** les verbes suivants :

Être (ravi/au féminin) | **Avoir** (faim)

....

....

....

....

....

❷ J'accorde, si nécessaire, l'**adjectif qualificatif** entre parenthèses avec son sujet :

Elle était (malade) .... et (seul) .... Ici, les routes sont (glissant) .... et les chemins sont (verglacé) .... Dans cette région, la chasse est (interdit) .... Les enfants étaient (affolé) .... par le bruit. Ces pommes sont (pourri) ....

Chap. 5

LE PLUS-QUE-PARFAIT

On utilise le **plus-que-parfait** pour décrire une action passée qui précède une autre action elle-même déjà passée.

Nous **avions** déjà **dîné**, quand il est rentré.

Il peut aussi exprimer :

- un fait passé qui s'est prolongé pendant un moment :

  Il **avait marché** tout le jour dans la ville.

- un fait habituel qui s'est répété un certain temps dans le passé :

  Quand nous **avions terminé** nos devoirs, nous allions jouer.

A. La formation du plus-que-parfait

Pour former le **plus-que-parfait** d'un verbe :

- on utilise l'auxiliaire **avoir** ou l'auxiliaire **être** à l'imparfait de l'indicatif.
- puis on ajoute le participe passé du verbe que l'on veut conjuguer.

Exemple avec l'auxiliaire **avoir**

Le verbe **jouer**

J'	**avais**	joué
=	avoir +	verbe au participe passé

Exemple avec l'auxiliaire **être**

Le verbe **arriver**

J'	**étais**	arrivé
=	être +	verbe au participe passé

B. Rappels

1. Les principaux verbes utilisés avec l'auxiliaire être sont :

Rester, monter, venir, revenir, devenir, parvenir, aller, mourir, arriver, naître, descendre, partir, entrer, retourner, sortir, tomber, passer…

2. L'accord du participe passé :

Avec les temps composés, la règle de l'accord du participe passé est toujours la même :

- Quand il est employé avec l'auxiliaire **être**, le participe passé s'accorde en genre et en nombre avec son sujet.

  Exemples : ***Elle*** était parti***e***. ***Les enfants*** étaient reven***us***.

- Quand il est employé avec l'auxiliaire **avoir**, le participe passé s'accorde en genre et en nombre avec le COD s'il est placé avant le verbe.

  Exemples : J'avais vu mes ***amis***. Je ***les*** avais vu***s***.

C. Les trois groupes de verbes à un temps composé

La forme verbale est identique à tous les temps composés pour les trois groupes de verbes.
On utilise :
- l'auxiliaire **être** ou l'auxiliaire **avoir** conjugué au temps qui convient
- et le participe passé du verbe que l'on veut conjuguer.

Ici, pour le **plus-que-parfait**, on utilisera l'auxiliaire **être** ou **avoir** à l'**imparfait**.

- ***Les verbes du 1er groupe :***

Exemples avec les verbes :

danser				arriver		
J'	avais	dansé		J'	étais	arrivé(e)
Tu	avais	dansé		Tu	étais	arrivé(e)
…				…		

- ***Les verbes du 2e groupe :***

Exemple avec le verbe **grandir**

J'	avais	grandi
Tu	avais	grandi
…		

- ***Les verbes du 3e groupe :***

Exemples avec les verbes :

sentir

J'	avais	senti
Tu	avais	senti
…		

aller

J'	étais	allé(e)
Tu	étais	allé(e)
…		

recevoir

J'	avais	reçu
Tu	avais	reçu
…		

joindre

J'	avais	joint
Tu	avais	joint
…		

D. Les auxiliaires : être et avoir

le verbe **être** (sage) au plus-que-parfait					le verbe **avoir** (froid) au plus-que-parfait			
J'	**avais**	**été**	sage		J'	**avais**	**eu**	froid
Tu	**avais**	**été**	sage		Tu	**avais**	**eu**	froid
Il	**avait**	**été**	sage		Il	**avait**	**eu**	froid
Elle	**avait**	**été**	sage		Elle	**avait**	**eu**	froid
Nous	**avions**	**été**	sages		Nous	**avions**	**eu**	froid
Vous	**aviez**	**été**	sage(s)		Vous	**aviez**	**eu**	froid
Ils	**avaient**	**été**	sages		Ils	**avaient**	**eu**	froid
Elles	**avaient**	**été**	sages		Elles	**avaient**	**eu**	froid

Exercices

Exercices (corrigés page 209)

❶ Je conjugue au **plus-que-parfait**, aux personnes demandées, les verbes suivants :

Offrir : (avec **je** et **nous**)

....

Voir :

....

Venir : (avec **tu** et **vous**)

....

Prendre :

....

Réfléchir : (avec **il** et **ils**)

....

Envoyer :

....

Acquérir :

....

❷ Je conjugue au **plus-que-parfait** les verbes suivants :

Être (jeune)	**Avoir (chaud)**
....	....
....	....
....	....
....	....
....	....
....	....

❸ Je complète le texte ci-dessous d'Emile Zola, extrait de *Germinal*, en utilisant les verbes numérotés que j'écris au **temps demandé** :

1. se lever/plus-que-parfait ; 2. bouger/imparfait ; 3. énerver/plus-que-parfait ; 4. aller/plus-que-parfait ; 5. faire/plus-que-parfait ; 6. venir/imparfait

Ce matin-là, les Grégoire (1) .... à huit heures. D'habitude, ils ne (2) .... guère qu'une heure plus tard, dormant beaucoup ; mais la tempête de la nuit les (3) .... et pendant que son mari (4) .... voir tout de suite si le vent (5) n'....... pas .... de dégâts, Mme Grégoire (6) .... de descendre à la cuisine, en pantoufles et en peignoir de flanelle.

Chap. 6 LA NÉGATION ET L'INTERROGATION

A. La négation

Pour conjuguer un verbe à la forme négative, on utilise les expressions suivantes :

ne… pas ; **ne… plus** ; **ne… rien** ; **ne… jamais…**

Avec un temps simple, les mots de la négation se placent de chaque côté du verbe conjugué :

Je **ne** pars **pas**.

Il **n'**habite **plus** ici.

On **n'**entend **rien**.

Ils **ne** viennent **jamais**.

Avec un temps composé, les mots de la négation se placent de chaque côté de l'auxiliaire :

Je **ne** suis **pas** parti.

On **n'**a **rien** entendu.

B. L'interrogation

La forme interrogative peut s'exprimer de trois façons :

– Par l'intonation de la voix :

Tu viens ce soir ?

– En posant la question : Est-ce que… ?

Est-ce que tu viens ce soir ?

– En inversant le sujet et le verbe :

Viens-tu ce soir ?

Avec un temps composé, le principe est le même :

Tu es sorti hier ?

Est-ce que tu es sorti hier ?

Es-tu sorti hier ?

Remarques

1. Quand on inverse le sujet et le verbe, on rajoute un trait d'union entre le verbe et le pronom : Viens-tu ce soir ? Part-il à 11 heures ?
2. Quand le verbe ou l'auxiliaire se termine par une voyelle, on rajoute un **-t-** avec les pronoms **il**/**elle**/**on**. Ainsi, la prononciation est facilitée :

A-**t**-il vu ce film ? Vous semble-**t**-elle heureuse ? Arrivera-**t**-on à l'heure ?

Il est parfois nécessaire d'utiliser des mots interrogatifs comme :
Où ? **Quand** ? **Comment** ? **Pourquoi ? Qui** ? **Que** ?...

– **Où** mangez-vous à midi ?
– **Quand** viendrez-vous nous voir ?
– **Comment** voyagerez-vous ?
– **Pourquoi** ne viens-tu pas avec nous ?
– **Qui** vient dîner ce soir ?
– **Que** veux-tu ?
–...

Exercices (corrigés page 209)

❶ D'après le modèle, je réponds négativement aux questions posées, en utilisant : **ne... pas** ; **ne... plus** ; **ne... rien** ; **ne... jamais** :

Tu cours vite ? Non, je **ne** cours **pas** vite.

Il mange beaucoup ? ....

Vois-tu encore Aline ? ....

Veux-tu quelque chose ? ....

Est-ce que tu vas parfois dans le parc ? ....

❷ D'après le modèle, je transforme la phrase interrogative proposée par deux autres phrases interrogatives équivalentes :

Tu sors ce soir ? – Est-ce que tu sors ce soir ?
– Sors-tu ce soir ?

Il a vu le film ? ....
....

Il vous arrive de le voir ? ....
....

Nous sommes en retard ? ....
....

Vous venez avec nous ? ....
....

Il y a du beurre dans les épinards ? ....
....

❸ Je complète les phrases suivantes en ajoutant le mot manquant :

Où ; Quand ; Comment ; Pourquoi ; Qui ; Que ?

.... viens-tu si tard ? .... penses-tu arriver ? .... as-tu mis mon sac ? .... tu t'appelles ? .... es-tu ? .... fais-tu ?

Exercices

Chap. 7

LE FUTUR DE L'INDICATIF

On utilise le **futur de l'indicatif** pour exprimer un fait qui n'a pas encore eu lieu, mais qui se produira très probablement dans un avenir proche ou lointain.

On peut distinguer :

▪ ***Le futur proche :***

Il se construit avec un auxiliaire de mode comme le verbe *aller, penser, devoir*...conjugué au présent, suivi du verbe à l'infinitif.

Je *vais* **partir** à la campagne ce week-end.

Je *pense* **venir** te voir la semaine prochaine.

Je *dois* **sortir** ce soir.

▪ ***Le futur simple :***

Il se construit généralement à partir du verbe à l'infinitif auquel on ajoute les terminaisons du futur simple.

Demain, **je terminerai** mon livre.

L'année prochaine, **nous partirons** en voyage.

A. Les verbes du premier groupe (-er)

Au **futur simple**, les terminaisons des verbes des **trois groupes** sont les mêmes :

-ai, -as, -a, -ons, -ez, -ont.

Exemple avec le verbe **danser**

Je	danser **ai**
Tu	danser **as**
Il/elle/on	danser **a**

Nous	danser **ons**
Vous	danser **ez**
Ils/elles	danser **ont**

Les verbes dont le radical se modifie :

1. *Les verbes en [-**ayer** comme **payer**] en [-**uyer** comme **appuyer**] et en [-**oyer** comme **employer**]*

J'	appu**i**erai
Tu	appu**i**eras
Il/elle/on	appu**i**era
Nous	appu**i**erons
Vous	appu**i**erez
Ils/elles	appu**i**eront

➯ Avec ces verbes, l'-**y** du radical devient -**i** à **toutes les personnes**.

Mais on écrit le verbe **envoyer** (et renvoyer)

J'	enve**rr**ai
Tu	enve**rr**as
Il/elle/on	enve**rr**a
Nous	enve**rr**ons
Vous	enve**rr**ez
Ils/elles	enve**rr**ont

➯ Le radical du verbe **envoyer** se transforme et prend -**rr** à **toutes les personnes**.

2. *Les verbes en [-**eler** comme **appeler**] et [-**eter** comme **jeter**]*

J'	appe**ll**erai
Tu	appe**ll**eras
Il/elle/on	appe**ll**era
Nous	appe**ll**erons
Vous	appe**ll**erez
Ils/elles	appe**ll**eront

Je	je**tt**erai
Tu	je**tt**eras
Il/elle/on	je**tt**era
Nous	je**tt**erons
Vous	je**tt**erez
Ils/elles	je**tt**eront

➯ Ces verbes prennent généralement -**ll** et -**tt** à **toutes les personnes**.

Les exceptions de ces verbes comme le verbe **geler** et le verbe **acheter** s'écrivent respectivement -**èl** et -**èt** à **toutes les personnes** :

Je	g**èl**erai		J'	ach**èt**erai
Tu	g**èl**eras		Tu	ach**èt**eras
Il/elle/on	g**èl**era		Il/elle/on	ach**èt**era
Nous	g**èl**erons		Nous	ach**èt**erons
Vous	g**èl**erez		Vous	ach**èt**erez
Ils/elles	g**èl**eront		Ils/elles	ach**èt**eront

3. *Les verbes en* [-**e** *muet comme* **soulever**]

Je	soul**è**verai
Tu	soul**è**veras
Il/elle/on	soul**è**vera
Nous	soul**è**verons
Vous	soul**è**verez
Ils/elles	soul**è**veront

➯ Les verbes en -**e** muet prennent un -**è** à **toutes les personnes**.

Mais on écrit les verbes en [-**é** fermé comme **posséder**]

Je	poss**é**derai
Tu	poss**é**deras
Il/elle/on	poss**é**dera
Nous	poss**é**derons
Vous	poss**é**derez
Ils/elles	poss**é**deront

➯ Les verbes en -**é** fermé conservent leur -**é** du radical à **toutes les personnes**.

Les verbes qui réclament une attention particulière :

Les verbes en [-**ier** comme **crier**] en [-**uer** comme **continuer**] et en [-**ouer** comme **jouer**]

Je	cri**e**rai
Tu	cri**e**ras
Il/elle/on	cri**e**ra
Nous	cri**e**rons
Vous	cri**e**rez
Ils/elles	cri**e**ront

➯ Avec ces verbes, on n'oublie pas l'-**e** qui ne s'entend pas, afin de retrouver l'infinitif du verbe (crier).

Exercices (corrigés page 209)

❶ En utilisant le verbe *aller* au présent, je conjugue au **futur proche** (avec **je** et **nous**) le verbe suivant :

Faire (un gâteau) **:**

....

❷ Je conjugue au **futur simple** le verbe suivant :

Remercier :

....

....

....

❸ Je conjugue au **futur simple**, aux personnes demandées, les verbes suivants :

Renvoyer : (avec **je** et **nous**)

....

Nettoyer :

....

Acheter : (avec **tu** et **vous**)

....

Créer :

....

Rappeler : (avec **il et ils**)

....

Peler :

....

B. Les verbes du deuxième groupe (-ir/-issons)

Exemple avec le verbe **grandir**

Je	**grandir** ai
Tu	**grandir** as
Il/elle/on	**grandir** a
Nous	**grandir** ons
Vous	**grandir** ez
Ils/elles	**grandir** ont

↳ Au futur simple, tous les verbes du **2**e groupe se conjuguent à partir de leur infinitif comme **grandir**.

Exercices (corrigés page 209)

Exercices

❶ Je conjugue au **futur simple**, aux personnes demandées, les verbes suivants :

Resplendir : (avec **je** et **nous**)

....

Établir : (avec **tu et vous**)

....

Réussir, apprécier et se réjouir : (avec **il** et **ils**)

Il .... il .... et il ....

....

❷ Je récris les verbes suivants au **futur simple** :

Le médecin guérit .... le malade. Ces grosses pierres alourdissent .... la charge du camion. Le boulanger fournit .... du pain aux villageois. Tu étudies .... le français. Rachid lit .... le journal et recopie .... un article.

C. Les verbes du troisième groupe (-oir ; -re ; -ir + aller)

Exemple avec le verbe **sentir**

Je	**sentir** ai
Tu	**sentir** as
Il/elle/on	**sentir** a
Nous	**sentir** ons
Vous	**sentir** ez
Ils/elles	**sentir** ont

➯ Au futur simple, la plupart des verbes du **3**e groupe se conjuguent à partir de leur infinitif comme **sentir**.

Les cas particuliers des verbes du 3e groupe :

Les verbes comme **cueillir** (accueillir, recueillir)

Je	cueill**e**rai
Tu	cueill**e**ras
Il/elle/on	cueill**e**ra
Nous	cueill**e**rons
Vous	cueill**e**rez
Ils/elles	cueill**e**ront

➯ Avec ces verbes, l'-**i** de l'infinitif devient -**e** à **toutes les personnes**.

Mais on écrit les verbes comme **offrir**, **ouvrir, souffrir, tressaillir**…

J'	offr**i**rai
Tu	offr**i**ras
Il/elle/on	offr**i**ra
Nous	offr**i**rons
Vous	offr**i**rez
Ils/elles	offr**i**ront

➯ Ces verbes se conjuguent à partir de leur infinitif (**offrir**)

Les verbes dont le radical se modifie (1) :

1. *Les verbes* **pouvoir**, **vouloir** *et* **valoir**

Je	pou**rr**ai	Je	vou**dr**ai	Je	v**aud**r**ai
tu	pou**rr**as	Tu	vou**dr**as	Tu	**vaudr**as
Il/elle/on	pou**rr**a	Il/elle/on	vou**dr**a	Il/elle/on	**vaudr**a
Nous	pou**rr**ons	Nous	vou**dr**ons	Nous	**vaudr**ons
Vous	pou**rr**ez	Vous	vou**dr**ez	Vous	**vaudr**ez
Ils/elles	pou**rr**ont	Ils/elles	vou**dr**ont	Ils/elles	**vaudr**ont

↬ Le radical de ces verbes se transforme à **toutes les personnes**.

Le verbe **pouvoir** prend -**rr** à **toutes les personnes**.

2. *Le verbe* **aller**

J'	**ir**ai
Tu	**ir**as
Il/elle/on	**ir**a
Nous	**ir**ons
Vous	**ir**ez
Ils/elles	**ir**ont

↬ Le radical du verbe **aller** se transforme complètement à **toutes les personnes**.

Exercices (corrigés page 209)

❶ Je conjugue au **futur simple** les verbes suivants :

Servir :

....

....

....

❷ Je conjugue au **futur simple**, aux personnes demandées, les verbes suivants :

Recouvrir (avec **je** et **nous**)

....

Recueillir :

....

Pouvoir : (avec **tu** et **vous**)

....

Vouloir :

....

Aller :

....

Valoir : (avec **il** et **ils**)

....

Souffrir :

....

Les verbes dont le radical se modifie (2) :

1. *Les verbes en* [-**enir** *comme* **venir**]

Je	**viendr**ai
Tu	**viendr**as
Il/elle/on	**viendr**a
Nous	**viendr**ons
Vous	**viendr**ez
Ils/elles	**viendr**ont

↳ Le radical de ces verbes se transforme à **toutes les personnes**.

2. *Les verbes en* [-**cevoir** *comme* **recevoir**]

Je	recev**r**ai
Tu	recev**r**as
Il/elle/on	recev**r**a
Nous	recev**r**ons
Vous	recev**r**ez
Ils/elles	recev**r**ont

↳ Le radical de ces verbes prend un **-r** à **toutes les personnes**.

Remarque

Au futur simple, les terminaisons des verbes sont toujours précédées d'un **-r**, même si le radical n'en contient pas :

J'i**r**ai ; nous se**r**ons ; nous emploie**r**ons ; ils tiend**r**ont

Les verbes dont le radical se modifie (3) :

1. *Les verbes en* [-**rir** *comme* **courir**, **acquérir**, **mourir**] *et* [**voir**]

Je	cou**rr**ai	J'	acque**rr**ai
Tu	cou**rr**as	Tu	acque**rr**as
Il/elle/on	cou**rr**a	Il/elle/on	acque**rr**a
Nous	cou**rr**ons	Nous	acque**rr**ons
Vous	cou**rr**ez	Vous	acque**rr**ez
Ils/elles	cou**rr**ont	Ils/elles	acque**rr**ont

Je	mou**rr**ai	Je	ve**rr**ai
Tu	mou**rr**as	Tu	ve**rr**as
Il/elle/on	mou**rr**a	Il/elle/on	ve**rr**a
Nous	mou**rr**ons	Nous	ve**rr**ons
Vous	mou**rr**ez	Vous	ve**rr**ez
Ils/elles	mou**rr**ont	Ils/elles	ve**rr**ont

↳ Ces verbes prennent **-rr** à **toutes les personnes** ainsi que les verbes **envoyer** et **pouvoir** (déjà cités en pages p. 86 et 91)

Mais on écrit les verbes **pourvoir** et **prévoir**

Je	**pourvoir**ai	Je	**prévoir**ai
Tu	**pourvoir**as	Tu	**prévoir**as
Il/elle/on	**pourvoir**a	Il/elle/on	**prévoir**a
Nous	**pourvoir**ons	Nous	**prévoir**ons
Vous	**pourvoir**ez	Vous	**prévoir**ez
Ils/elles	**pourvoir**ont	Ils/elles	**prévoir**ont

↳ Ces deux verbes se conjuguent à partir de leur infinitif (**pourvoir** ; **prévoir**)

2. *Le verbe* **savoir**

Je	**saur**ai
Tu	**saur**as
Il/elle/on	**saur**a
Nous	**saur**ons
Vous	**saur**ez
Ils/elles	**saur**ont

↳ Le radical de ce verbe se transforme à **toutes les personnes.**

Il ne faut pas confondre :

⇨ je **saurai** (verbe savoir) et ⇨ je **serai** (verbe être)

3. *Le verbe* **asseoir**

J'	ass**oi**rai	ou	J'	assi**é**rai
Tu	ass**oi**ras	ou	Tu	assi**é**ras
Il/elle/on	ass**oi**ra	ou	Il/elle/on	assi**é**ra
Nous	ass**oi**rons	ou	Nous	assi**é**rons
Vous	ass**oi**rez	ou	Vous	assi**é**rez
Ils/elles	ass**oi**ront	ou	Ils/elles	assi**é**ront

↳ Le radical de ce verbe se transforme à **toutes les personnes.**

Exercices (corrigés page 210)

❶ Je conjugue au **futur simple**, aux personnes demandées, les verbes suivants :

Secourir : (**avec je** et **nous**)

....

Savoir :

....

Apercevoir :

....

Prévoir : (avec **tu** et **vous**)

....

Revoir :

....

Maintenir :

....

❷ Je conjugue au **futur simple** les verbes suivants en utilisant **on** :

Envoyer : .... ⇨ **Employer** : ....

Pouvoir : .... ⇨ **Pourvoir** : ....

Courir : .... ⇨ **Dire** : ....

Les verbes qui perdent l'-e de leur infinitif au futur simple :

1. *Les verbes en* [**-tre** *comme* **mettre, battre, connaître**]

Je	**mettr**ai
Tu	**mettr**as
Il/elle/on	**mettr**a
Nous	**mettr**ons
Vous	**mettr**ez
Ils/elles	**mettr**ont

2. *Les verbes en* [**-dre** *comme* **descendre, joindre** *ou* **résoudre**]

Je	**descendr**ai
Tu	**descendr**as
Il/elle/on	**descendr**a
Nous	**descendr**ons
Vous	**descendr**ez
Ils/elles	**descendr**ont

Je	**joindr**ai
Tu	**joindr**as
Il/elle/on	**joindr**a
Nous	**joindr**ons
Vous	**joindr**ez
Ils/elles	**joindr**ont

Je	**résoudr**ai
Tu	**résoudr**as
Il/elle/on	**résoudr**a
Nous	**résoudr**ons
Vous	**résoudr**ez
Ils/elles	**résoudr**ont

3. *Les verbes en* [**-re** *comme* **dire, lire, rire, écrire**]

Je	**dir**ai
Tu	**dir**as
Il/elle/on	**dir**a
Nous	**dir**ons
Vous	**dir**ez
Ils/elles	**dir**ont

Mais on écrit les verbes en [**-re** comme **faire**]

Je	**fe**rai
Tu	**fe**ras
Il/elle/on	**fe**ra
Nous	**fe**rons
Vous	**fe**rez
Ils/elles	**fe**ront

↳ Ces verbes perdent aussi l'-**e** de leur infinitif mais, en plus, leur radical se transforme à **toutes les personnes**.

D. *Liste des verbes courants qui perdent l'-e de leur infinitif au futur simple*

(Verbes non cités dans les pages précédentes)

Boire	Je boirai	Nous boirons	Ils boiront
Conclure + exclure, inclure	Je conclurai	Nous conclurons	Ils concluront
Convaincre + vaincre	Je convaincrai	Nous convaincrons	Ils convaincront
Coudre	Je coudrai	Nous coudrons	Ils coudront
Croire	Je croirai	Nous croirons	Ils croiront
Cuire + les verbes en -uire	Je cuirai	Nous cuirons	Ils cuiront
Distraire + extraire, soustraire	Je distrairai	Nous distrairons	Ils distrairont
Moudre	Je moudrai	Nous moudrons	Ils moudront
Plaire + déplaire, se taire	Je plairai	Nous plairons	Ils plairont
Rompre + corrompre, interrompre	Je romprai	Nous romprons	Ils rompront
Suivre + poursuivre	Je suivrai	Nous suivrons	Ils suivront
Vivre + revivre, survivre	Je vivrai	Nous vivrons	Ils vivront

Remarque

Les verbes terminés par un **-e** à l'infinitif :
Au futur simple, tous ces verbes perdent l'**-e** de leur infinitif. Le radical ne se modifie pas sauf celui du verbe **faire** et ses composés : je f**e**rai, je satisf**e**rai…

Exercice (corrigés page 210)

❶ Je conjugue au **futur simple**, aux personnes demandées, les verbes suivants :

Peindre : (avec **je, tu, il**)

....

Vaincre :

....

Paraître :

....

Boire : (avec **nous, vous, ils**)

....

Satisfaire :

....

Concevoir :

....

Exercices

E. Les verbes : être et avoir

Le verbe **être** (sage) au futur simple				Le verbe **avoir** (froid) au futur simple		
Je	**serai**	sage		J'	**aurai**	froid
Tu	**seras**	sage		Tu	**auras**	froid
Il	**sera**	sage		Il	**aura**	froid
Elle	**sera**	sage		Elle	**aura**	froid
Nous	**serons**	sages		Nous	**aurons**	froid
Vous	**serez**	sage(s)		Vous	**aurez**	froid
Ils	**seront**	sages		Ils	**auront**	froid
Elles	**seront**	sages		Elles	**auront**	froid

Il ne faut pas confondre :
⇨ je **serai** (verbe être) et ⇨ je **saurai** (verbe savoir)

Exercices

Exercices (corrigés page 210)

❶ Je continue suivant le modèle :

Quand je serai grand, j'**aurai** une voiture et je la **conduirai**.

Quand tu seras grand, ...

....

....

....

....

❷ Je conjugue au **futur simple** (avec **il**) les verbes suivants d'après le modèle :

Verbes du 1er **groupe** — Verbes du 3e **groupe**

Espérer : il espér**era** ⇨ **Mordre** : il mord**ra**

Durer : .... ⇨ **Perdre** : ....

Préférer : .... ⇨ **Courir** : ....

Monter : .... ⇨ **Mettre** : ....

Céder : .... ⇨ **Descendre** : ....

Demander : .... ⇨ **Répandre** : ....

Lier : .... ⇨ **Lire** : ....

Secouer : .... ⇨ **Secourir** : ....

Exercices

❸ Je conjugue au **futur simple** (avec **tu** et **il**) les verbes suivants :

Construire : ....

Soustraire : ....

Moudre : ....

Interrompre : ....

❹ Je complète le poème de Victor Hugo, *Demain, dès l'aube*… en utilisant les verbes numérotés que j'écris au **futur simple** :

1. partir ; 2. aller ; 3. aller ; 4. marcher ; 5. être ; 6. regarder ; 7. arriver ; 8. mettre

Demain, dès l'aube, à l'heure où blanchit la campagne,

Je (1)........................... Vois-tu, je sais que tu m'attends.

J' (2) .... par la forêt, j' (3) .... par la montagne.

Je ne puis demeurer loin de toi plus longtemps.

Je (4) .... les yeux fixés sur mes pensées,

Sans rien voir au dehors, sans entendre aucun bruit,

Seul, inconnu, le dos courbé, les mains croisées,

Triste, et le jour pour moi (5) .... comme la nuit.

Je ne (6) .... ni l'or du soir qui tombe,

Ni les voiles au loin descendant vers Harfleur,

Et quand j' (7) ...., je (8) .... sur ta tombe

Un bouquet de houx vert et de bruyère en fleur.

Chap. 8

LE FUTUR ANTÉRIEUR

On utilise le **futur antérieur** pour exprimer :

– un fait qui n'est pas encore arrivé mais qui se produira probablement dans le futur avant un autre fait.

Lorsque tu l'**auras entendu**, tu comprendras.

A. La formation du futur antérieur

Pour former le **futur antérieur** d'un verbe :

– on utilise l'auxiliaire **avoir** ou l'auxiliaire **être** au futur simple,

– puis on ajoute le participe passé du verbe que l'on veut conjuguer.

Exemple avec l'auxiliaire **avoir**

Le verbe **jouer** :

J'	**aurai**	**joué**
=	avoir +	verbe au participe passé

Exemple avec l'auxiliaire **être**

Le verbe **partir** :

Je	**serai**	**parti**
=	être +	verbe au participe passé

* Se reporter au chapitre 5 (pages 78 et 79)

B. Les auxiliaires : être et avoir

Le verbe **être** (sage) au futur antérieur				Le verbe **avoir** (froid) au futur antérieur			
J'	**aurai**	**été**	sage	J'	**aurai**	**eu**	froid
Tu	**auras**	**été**	sage	Tu	**auras**	**eu**	froid
Il	**aura**	**été**	sage	Il	**aura**	**eu**	froid
Elle	**aura**	**été**	sage	Elle	**aura**	**eu**	froid
Nous	**aurons**	**été**	sages	Nous	**aurons**	**eu**	froid
Vous	**aurez**	**été**	sage(s)	Vous	**aurez**	**eu**	froid
Ils	**auront**	**été**	sages	Ils	**auront**	**eu**	froid
Elles	**auront**	**été**	sages	Elles	**auront**	**eu**	froid

Exercices

Exercices (corrigés page 210)

❶ Je conjugue au **futur antérieur**, aux personnes demandées, les verbes suivants :

Manger : (avec **je** et **nous**)

....

Rester : (avec **tu** et **vous**)

....

Venir : (avec **il** et **ils**)

....

❷ Je complète les phrases en conjuguant les verbes entre parenthèses au **futur antérieur** :

Quand il (éteindre) .... la lumière, je dormirai.

Je serai heureuse quand j'(revoir) .... mon amie.

Quand ils (finir) .... ils partiront.

Quand nous (avoir) .... notre visa, nous pourrons partir.

C. L'orthographe et la conjugaison (2) :

Il ne faut pas confondre :

- les verbes à l'infinitif en -**er**
- les verbes au participe passé en -**é**
- et les verbes qui se terminent par -**ez**

1. Les verbes à l'infinitif en -er :

*a. En règle générale, un verbe s'écrit à l'infinitif chaque fois qu'on peut le remplacer par un verbe du **2e** ou du **3e** groupe :*

Exemple : Je vais travaill**er**.
On pourrait dire ⇨je vais **finir** ou je vais **faire** mon travail.

Les verbes de remplacement **finir** et **faire** sont à l'infinitif. Par conséquent, le verbe du 1er groupe **travailler** sera aussi à l'infinitif.

On peut se dire aussi :

Quand deux verbes se suivent, le deuxième verbe se met à l'infinitif.

Dans l'exemple : Je vais travailler.
vais est le 1er verbe
travailler est le **2e** verbe ⇨Il est donc à l'infinitif.

Mais attention !

Il ne faut pas que ce ***premier verbe*** soit :
– l'auxiliaire ***avoir*** ou l'auxiliaire ***être*** qui servent à former les temps composés
– ni un verbe d'état comme ***sembler, paraître, devenir, demeurer, rester…***

Une astuce

Pour s'aider, on peut remplacer le verbe d'état par l'auxiliaire **être** :
Il ***semble*** égar**é** ⇨Il ***est*** égar**é**.
Il ***reste*** persuad**é** qu'il a raison ⇨Il ***est*** persuad**é** qu'il a raison.
On comprend alors que **égaré** et **persuadé** sont des participes passés et non des verbes à l'infinitif.
Par contre :
Il semble **travailler** correctement.
On pourrait dire ⇨Il semble **faire** son travail correctement.
Le verbe de remplacement **faire** est à l'infinitif. Par conséquent, le verbe du 1er groupe **travailler** sera aussi à l'infinitif.
Dans cet exemple, le verbe **sembler** n'est pas un verbe d'état. On ne peut pas le remplacer par l'auxiliaire **être**.

b. *Après les prépositions* **à, de, pour, sans***, le verbe se met aussi à l'infinitif.*

Exemples : J'apprends **à** nag**er**.
Je viens **de** commenc**er** des cours de violon.
N'oublie pas **de** lui téléphon**er**.
Regarde **sans** touch**er**.

2. Les verbes au participe passé en -é :

Les verbes au participe passé sont utilisés avec l'auxiliaire **être** ou **avoir** pour former un temps composé.

Exemples : J'ai travaill**é**.
Il est all**é** au cinéma.

Travaillé et **allé** sont des participes passés. Ils s'accordent donc en genre et en nombre avec le sujet ou le COD selon le cas. (voir p. 48, 49 et 50).

3. Les verbes qui se terminent par -ez :

Quand **vous** est sujet et que l'on entend le son [-**é**] le verbe se termine par -**ez** :

Exemples : ***Vous*** **chantez** bien.
sujet

Demain, ***vous*** **irez** au cinéma.
sujet

Quand **vous** n'est pas sujet, le verbe qui suit ne se termine pas par -**ez**.

Exemple : ***Je*** viens de **vous** téléphon**er**.
sujet

Vous n'est pas sujet. Le verbe **téléphoner** est donc à l'infinitif.
De plus, dans cet exemple, on remarque l'existence de la préposition **de** qui précède toujours un verbe à l'infinitif.

Exercices (corrigés page 210)

❶ J'écris les verbes entre parenthèses en utilisant -é ou -er :

Je vais (aller) .... me (coucher) .... Hier, je suis (aller) .... au théâtre voir (jouer) ....une pièce de Molière. Nous avons tous (aimer) .... le jeu des acteurs. Il semble bien (occuper) .... en ce moment. Il semble bien (s'occuper) .... de sa sœur. J'ai (casser) .... mon fer à (repasser) .... Je commence à (aimer) .... le fromage. Il ne peut pas (aller) .... chez toi sans (passer) .... par ce chemin.

❷ J'écris les verbes entre parenthèses en utilisant -er ou -ez :

Vous (jouer) .... très bien du piano. Je viens vous (remercier) .... de votre courrier. (pouvoir) .... vous (m'envoyer) .... une documentation et me (renseigner) .... sur vos tarifs. Je vous serais reconnaissant de bien vouloir (m'expédier) .... aussi une brochure sur vos dernières nouveautés. Vous (avoir) .... dû recevoir le catalogue du printemps. Je ne viendrai pas vous voir sans vous (appeler) .... auparavant. Nous sommes venus pour vous (aider) .... Vous nous (aider) .... beaucoup.

Chap. 9

LE CONDITIONNEL PRÉSENT

On utilise le **conditionnel présent** pour exprimer un fait qui se produira à condition qu'un autre fait se réalise également :

Si j'étais riche, je **m'achèterais** une maison.

Le **conditionnel présent** exprime aussi :

– un désir, un souhait :

J'**aimerais** bien aller en Italie.

– une proposition :

Il me **serait** agréable que tu viennes me voir.

A. Les verbes du premier groupe (-er)

Au **conditionnel**, les terminaisons des verbes **des trois groupes** sont les mêmes :

-ais, -ais, -ait, -ions, -iez, -aient.

Exemple avec le verbe **danser**

Je	danser **ais**
Tu	danser **ais**
Il/elle/on	danser **ait**
Nous	danser **ions**
Vous	danser **iez**
Ils/elles	danser **aient**

↳ Le conditionnel se conjugue généralement à partir du verbe à l'infinitif.

Les verbes dont le radical se modifie :

1. *Les verbes en [-**ayer** comme **payer**] en [-**uyer** comme **appuyer**] et en [-**oyer** comme **employer**]*

J'	appu**i**erais
Tu	appu**i**erais
Il/elle/on	appu**i**erait
Nous	appu**i**erions
Vous	appu**i**eriez
Ils/elles	appu**i**eraient

↪ Avec ces verbes, l'-**y** du radical devient -**i** à **toutes les personnes**.

Mais on écrit le verbe **envoyer** (et renvoyer)

J'	enve**rr**ais
Tu	enve**rr**ais
Il/elle/on	enve**rr**ait
Nous	enve**rr**ions
Vous	enve**rr**iez
Ils/elles	enve**rr**aient

↪ Le radical du verbe **envoyer** se transforme et prend -**rr** à **toutes les personnes**.

2. *Les verbes en [-**eler** comme **appeler**] et [-**eter** comme **jeter**]*

J'	appe**ll**erais	Je	je**tt**erais
Tu	appe**ll**erais	Tu	je**tt**erais
Il/elle/on	appe**ll**erait	Il/elle/on	je**tt**erait
Nous	appe**ll**erions	Nous	je**tt**erions
Vous	appe**ll**eriez	Vous	je**tt**eriez
Ils/elles	appe**ll**eraient	Ils/elles	je**tt**eraient

↪ Ces verbes prennent généralement -**ll** et -**tt** à toutes les personnes.

Les exceptions de ces verbes comme le verbe **geler** et le verbe **acheter** s'écrivent respectivement -**èl** et -**èt** à **toutes les personnes** :

Je	gèlerais
Tu	gèlerais
Il/elle/on	gèlerait
Nous	gèlerions
Vous	gèleriez
Ils/elles	gèleraient

J'	achèterais
Tu	achèterais
Il/elle/on	achèterait
Nous	achèterions
Vous	achèteriez
Ils/elles	achèteraient

3. *Les verbes en* [-**e** *muet comme* **soulever**]

Je	soulèverais
Tu	soulèverais
Il/elle/on	soulèverait
Nous	soulèverions
Vous	soulèveriez
Ils/elles	soulèveraient

➪ Les verbes en -**e** muet prennent un -**è** à **toutes les personnes**.

Mais on écrit les verbes en [-**é** fermé comme **posséder**]

Je	posséderais
Tu	posséderais
Il/elle/on	posséderait
Nous	posséderions
Vous	posséderiez
Ils/elles	posséderaient

➪ Les verbes en -**é** conservent leur -**é** de l'infinitif à **toutes les personnes**.

Les verbes qui réclament une attention particulière :

Les verbes en [-**ier** comme **crier**] en [-**uer** comme **continuer**] et en [-**ouer** comme **jouer**]

Je	crierais
Tu	crierais
Il/elle/on	crierait
Nous	crierions
Vous	crieriez
Ils/elles	crieraient

➪ Avec ces verbes, on n'oublie pas l'-**e** qui ne s'entend pas, afin de bien retrouver l'infinitif du verbe (**crier**).

Exercices (corrigés page 211)

❶ Je conjugue au **conditionnel présent** le verbe :

Remercier :

....

....

....

❷ Je conjugue au **conditionnel présent**, aux personnes demandées, les verbes suivants :

Renvoyer : (avec **je** et **nous**)

....

Nettoyer :

....

Acheter : (avec **tu** et **vous**)

....

Créer :

....

Rappeler : (avec **il** et **ils**)

....

Peler :

....

B. Les verbes du deuxième groupe (-ir/-issons)

Exemple avec le verbe **grandir**

Je	**grandir** ais
Tu	**grandir** ais
Il/elle/on	**grandir** ait
Nous	**grandir** ions
Vous	**grandir** iez
Ils/elles	**grandir** aient

➪ Au conditionnel, tous les verbes du **2**e groupe se conjuguent à partir de leur infinitif comme **grandir**.

Exercices (corrigés page 211)

Exercices

❶ Je conjugue au **conditionnel présent**, aux personnes demandées, les verbes suivants :

Resplendir : (avec **je** et **nous**)

....

Établir : (avec **tu** et **vous**)

....

Réussir, apprécier et se réjouir : (avec **il** et **ils**)

Il .... il .... et il ....

....

❷ J'écris sous les verbes au **futur proche** (FP), au **futur simple** (FS), au **conditionnel** (C) et à l'**imparfait** (I) :

Ce soir, nous allons manger au restaurant. Si cette entreprise s'installait dans la région, elle fournirait du travail et aiderait beaucoup de familles. La cigale ne chantera plus l'été prochain. Si j'étais jeune, je voyagerais beaucoup et je rapporterais plein de souvenirs. Viendras-tu demain ? Pourriez-vous venir m'aider s'il vous plaît ? Emily et Nicolas vont se marier bientôt.

C. Les verbes du troisième groupe (-oir ; -re ; -ir + aller)

Exemple avec le verbe **sentir**

Je	**sentir** ais
Tu	**sentir** ais
Il/elle/on	**sentir** ait
Nous	**sentir** ions
Vous	**sentir** iez
Ils/elles	**sentir** aient

↳ Au conditionnel, la plupart des verbes du **3e** groupe se conjuguent à partir de leur infinitif comme **sentir**.

Les cas particuliers des verbes du 3e groupe :

***Les verbes comme* cueillir** (accueillir, recueillir)

Je	cueill**e**rais
Tu	cueill**e**rais
Il/elle/on	cueill**e**rait
Nous	cueill**e**rions
Vous	cueill**e**riez
Ils/elles	cueill**e**raient

↳ Avec ces verbes, l'-**i** de l'infinitif devient -**e** à **toutes les personnes**.

Mais on écrit les verbes comme **offrir, ouvrir, souffrir, tressaillir**...

J'	offr**i**rais
Tu	offr**i**rais
Il/elle/on	offr**i**rait
Nous	offr**i**rions
Vous	offr**i**riez
Ils/elles	offr**i**raient

↳ Ces verbes se conjuguent à partir de leur infinitif (**offrir**)

Les verbes dont le radical se modifie (1) :

1. Les verbes **pouvoir**, **vouloir** *et* **valoir**

Je	pou**rr**ais	Je	vou**dr**ais	Je	v**audr**ais
tu	pou**rr**ais	Tu	vou**dr**ais	Tu	v**audr**ais
Il/elle/on	pou**rr**ait	Il/elle/on	vou**dr**ait	Il/elle/on	v**audr**ait
Nous	pou**rri**ons	Nous	vou**dri**ons	Nous	v**audri**ons
Vous	pou**rri**ez	Vous	vou**dri**ez	Vous	v**audri**ez
Ils/elles	pou**rr**aient	Ils/elles	vou**dr**aient	Ils/elles	v**audr**aient

➪ Le radical de ces verbes se transforme à **toutes les personnes**.

Le verbe **pouvoir** prend -**rr** à **toutes les personnes**.

2. Le verbe **aller**

J'	**ir**ais
Tu	**ir**ais
Il/elle/on	**ir**ait
Nous	**iri**ons
Vous	**iri**ez
Ils/elles	**ir**aient

➪ Le radical du verbe **aller** se transforme complètement à **toutes les personnes**.

Exercices (corrigés page 211)

❶ Je conjugue au **conditionnel présent**, le verbe suivant :

Servir :

....

....

....

❷ Je conjugue au **conditionnel présent**, aux personnes demandées, les verbes suivants :

Recouvrir : (avec **je** et **nous**)

....

Recueillir :

....

Pouvoir : (avec **tu** et **vous**)

....

Vouloir :

....

Aller : (avec **il** et **ils**)

....

Les verbes dont le radical se modifie (2) :

1. *Les verbes en* [-**enir** *comme* **venir**]

Je	**viend**rais
Tu	**viend**rais
Il/elle/on	**viend**rait
Nous	**viend**rions
Vous	**viend**riez
Ils/elles	**viend**raient

↳ Le radical de ces verbes se transforme à **toutes les personnes.**

2. *Les verbes en* [-**cevoir** *comme* **recevoir**]

Je	recev**r**ais
Tu	recev**r**ais
Il/elle/on	recev**r**ait
Nous	recev**ri**ons
Vous	recev**ri**ez
Ils/elles	recev**r**aient

↳ Le radical de ces verbes prend un **-r** à **toutes les personnes.**

Remarque

Au conditionnel présent, les terminaisons des verbes sont toujours précédées d'un **-r**, même si le radical n'en contient pas :

J'i**r**ais ; nous se**r**ions ; nous emploie**r**ions ; ils tiend**r**aient…

Les verbes dont le radical se modifie (3) :

1. *Les verbes en* [-**rir** *comme* **courir, acquérir, mourir**] *et* [**voir**]

Je	cou**rr**ais		J'	acque**rr**ais
Tu	cou**rr**ais		Tu	acque**rr**ais
Il/elle/on	cou**rr**ait		Il/elle/on	acque**rr**ait
Nous	cou**rri**ons		Nous	acque**rri**ons
Vous	cou**rri**ez		Vous	acque**rri**ez
Ils/elles	cou**rr**aient		Ils/elles	acque**rr**aient

Je	mou**rr**ais
Tu	mou**rr**ais
Il/elle/on	mou**rr**ait
Nous	mou**rri**ons
Vous	mou**rri**ez
Ils/elles	mou**rr**aient

Je	ve**rr**ais
Tu	ve**rr**ais
Il/elle/on	ve**rr**ait
Nous	ve**rri**ons
Vous	ve**rri**ez
Ils/elles	ve**rr**aient

↳ Ces verbes prennent -**rr** à **toutes les personnes** ainsi que les verbes **envoyer** et **pouvoir** (déjà cités en pages 110 et 115).

Mais on écrit les verbes **pourvoir** et **prévoir**

Je	**pourvoir**ais
Tu	**pourvoir**ais
Il/elle/on	**pourvoir**ait
Nous	**pourvoir**ions
Vous	**pourvoir**iez
Ils/elles	**pourvoir**aient

Je	**prévoir**ais
Tu	**prévoir**ais
Il/elle/on	**prévoir**ait
Nous	**prévoir**ions
Vous	**prévoir**iez
Ils/elles	**prévoir**aient

↳ Ces deux verbes se conjuguent à partir de leur infinitif (**pourvoir** ; **prévoir**)

2. *Le verbe* **savoir**

Je	**saur**ais
Tu	**saur**ais
Il/elle/on	**saur**ait
Nous	**sauri**ons
Vous	**sauri**ez
Ils/elles	**saur**aient

↳ Le radical de ce verbe se transforme à **toutes les personnes**

Il ne faut pas confondre :

⇨je **saurais** (verbe savoir) et ⇨je **serais** (verbe **être**).

3. *Le verbe* **asseoir**

J'	ass**oi**rais	ou	J'	ass**ié**rais
Tu	ass**oi**rais	ou	Tu	ass**ié**rais
Il/elle/on	ass**oi**rait	ou	Il/elle/on	ass**ié**rait
Nous	ass**oi**rions	ou	Nous	ass**ié**rions
Vous	ass**oi**riez	ou	Vous	ass**ié**riez
Ils/elles	ass**oi**raient	ou	Ils/elles	ass**ié**raient

↳ Le radical de ce verbe se transforme à **toutes les personnes**.

Exercice (corrigés page 211)

❶ Je conjugue au **conditionnel présent**, aux personnes demandées, les verbes suivants :

Secourir : (avec **je** et **nous**)

....

Savoir :

....

Conquérir :

....

Apercevoir : (avec **tu** et **vous**)

....

Prévoir :

....

Revoir :

....

Mourir : (avec **il** et **ils**)

....

Maintenir :

....

Exercices

Les verbes qui perdent l'-e de leur l'infinitif au conditionnel :

1. *Les verbes en* [-**tre** *comme* **mettre, battre, connaître**]

Je	**mettr**ais
Tu	**mettr**ais
Il/elle/on	**mettr**ait
Nous	**mettr**ions
Vous	**mettr**iez
Ils/elles	**mettr**aient

2. *Les verbes en* [-**dre** *comme* **descendre, joindre** *ou* **résoudre**]

Je	**descendr**ais
Tu	**descendr**ais
Il/elle/on	**descendr**ait
Nous	**descendr**ions
Vous	**descendr**iez
Ils/elles	**descendr**aient

Je	**joindr**ais		Je	**résoudr**ais
Tu	**joindr**ais		Tu	**résoudr**ais
Il/elle/on	**joindr**ait		Il/elle/on	**résoudr**ait
Nous	**joindr**ions		Nous	**résoudr**ions
Vous	**joindr**iez		Vous	**résoudr**iez
Ils/elles	**joindr**aient		Ils/elles	**résoudr**aient

3. *Les verbes en* [-**re** *comme* **dire, lire, rire, écrire**]

Je	**dir**ais
Tu	**dir**ais
Il/elle/on	**dir**ait
Nous	**dir**ions
Vous	**dir**iez
Ils/elles	**dir**aient

Mais on écrit les verbes en [-**re** comme **faire**]

Je	**fe**rais
Tu	**fe**rais
Il/elle/on	**fe**rait
Nous	**fe**rions
Vous	**fe**riez
Ils/elles	**fe**raient

↳ Ces verbes perdent l'-**e** de leur infinitif et leur radical se transforme à **toutes les personnes**.

D. Liste des verbes courants qui perdent l'-e de leur infinitif au conditionnel présent

(Verbes non cités dans les pages précédentes)

Boire	Je boirais	Nous boirions	Ils boiraient
Conclure + exclure, inclure	Je conclurais	Nous conclurions	Ils concluraient
Convaincre + vaincre	Je convaincrais	Nous convaincrions	Ils convaincraient
Coudre	Je coudrais	Nous coudrions	Ils coudraient
Croire	Je croirais	Nous croirions	Ils croiraient
Cuire + les verbes en -uire	Je cuirais	Nous cuirions	Ils cuiraient
Distraire + extraire, soustraire	Je distrairais	Nous distrairions	Ils distrairaient
Moudre	Je moudrais	Nous moudrions	Ils moudraient
Plaire + déplaire, se taire	Je plairais	Nous plairions	Ils plairaient
Rompre + corrompre, interrompre	Je romprais	Nous romprions	Ils rompraient
Suivre + poursuivre	Je suivrais	Nous suivrions	Ils suivraient
Vivre + revivre, survivre	Je vivrais	Nous vivrions	Ils vivraient

Remarque

Les verbes terminés par un -**e** à l'infinitif :
Au conditionnel présent, tous les verbes perdent l'-**e** de leur infinitif. Le radical ne se modifie pas sauf celui du verbe **faire** et ses composés :
je f**e**rais ; je satisf**e**rais…

Exercices (corrigés page 211)

❶ Je conjugue au **conditionnel présent**, aux personnes demandées, les verbes suivants :

Peindre : (avec **je, tu, il**)

....

Vaincre :

....

Paraître :

....

Boire : (avec **nous, vous, ils**)

....

Satisfaire :

....

Prendre :

....

❷ Je complète les phrases en conjuguant les verbes numérotés au **conditionnel présent** :

1. résoudre ; 2. vouloir ; 3. savoir

Si nous pouvions, nous (1) .... son problème. Je (2) .... bien te revoir. (3) ....-tu m'aider ?

E. Les verbes : être et avoir

Le verbe **être** (sage) au conditionnel présent				Le verbe **avoir** (froid) au conditionnel présent		
Je	**serais**	sage		J'	**aurais**	froid
Tu	**serais**	sage		Tu	**aurais**	froid
Il	**serait**	sage		Il	**aurait**	froid
Elle	**serait**	sage		Elle	**aurait**	froid
Nous	**serions**	sages		Nous	**aurions**	froid
Vous	**seriez**	sage(s)		Vous	**auriez**	froid
Ils	**seraient**	sages		Ils	**auraient**	froid
Elles	**seraient**	sages		Elles	**auraient**	froid

Il ne faut pas confondre :

⇨je **serais** (verbe être) et ⇨je **saurais** (verbe savoir)

Exercices (corrigés page 211)

❶ Je continue suivant le modèle :

Si j'étais grand, j'**aurais** une voiture et je la **conduirais**.

Si tu étais grand... ....

....

....

....

....

❷ Je conjugue au **conditionnel présent** (avec **il**) les verbes suivants d'après le modèle :

Verbes du **1er groupe**		Verbes du **3e groupe**
Espérer : il espér**erait**	⇨	**Mordre** : il mord**rait**
Durer :	⇨	**Perdre :** ....
Préférer :	⇨	**Courir :** ....
Monter :	⇨	**Mettre :** ....
Céder :	⇨	**Descendre :** ....
Demander :	⇨	**Répandre :** ....
Lier :	⇨	**Lire :** ....
Secouer :	⇨	**Secourir :** ....

Chap. 10

LE CONDITIONNEL PASSÉ

On utilise **le conditionnel passé** pour exprimer :

– un regret :

Comme j'**aurais voulu** qu'il vienne !

– une supposition :

Elle aurait raté son avion, tu crois ?

(On suppose qu'elle a raté son avion. On n'en est pas sûr.)

– un fait qui aurait pu se passer, mais qui ne se passera pas :

Si j'avais eu le temps, j'**aurais été** la voir.

A. *La formation du conditionnel passé*

Pour former le **conditionnel passé** d'un verbe :

– on utilise l'auxiliaire **être** ou l'auxiliaire **avoir** au conditionnel présent

– puis on ajoute le verbe que l'on veut conjuguer

Exemple avec l'auxiliaire **avoir**

Le verbe **jouer** :

J'	**aurais**	**joué**
=	avoir +	verbe au participe passé

Exemple avec l'auxiliaire **être**

Le verbe **partir** :

Je	**serais**	**parti**
=	être +	verbe au participe passé

* Se reporter au chapitre 5 (pages 78 et 79)

B. Les auxiliaires : être et avoir

Le verbe **être** (sage) au conditionnel passé				Le verbe **avoir** (froid) au conditionnel passé			
J'	**aurais**	**été**	sage	J'	**aurais**	**eu**	froid
Tu	**aurais**	**été**	sage	Tu	**aurais**	**eu**	froid
Il	**aurait**	**été**	sage	Il	**aurait**	**eu**	froid
Elle	**aurait**	**été**	sage	Elle	**aurait**	**eu**	froid
Nous	**aurions**	**été**	sages	Nous	**aurions**	**eu**	froid
Vous	**auriez**	**été**	sage(s)	Vous	**auriez**	**eu**	froid
Ils	**auraient**	**été**	sages	Ils	**auraient**	**eu**	froid
Elles	**auraient**	**été**	sages	Elles	**auraient**	**eu**	froid

Exercices

Exercices (corrigés page 212)

❶ Je conjugue au **conditionnel passé**, aux personnes demandées, les verbes suivants :

Offrir : (avec **je, nous, ils**)

....

Cueillir :

....

Pouvoir : (avec **tu, il, vous**)

....

Recevoir :

....

Aller :

....

❷ Je continue suivant le modèle :

Si j'avais eu une grand-mère, je l'**aurais aimée** et j'**aurais été** content(e)

Si tu avais eu une grand-mère,...

– ....

– ....

– ....

– ....

– ....

❸ Je complète les phrases en conjuguant les verbes numérotés au **conditionnel passé** :

1. aider ; 2. offrir ; 3. inviter

Si tu me l'avais demandé, je (1) t' .... volontiers. Si elle était venue nous voir, vous lui (2) .... des fleurs. S'ils nous avaient prévenus plus tôt, nous les (3) .... à dîner.

Exercices

LES VERBES À LA FORME PRONOMINALE

A. Règle générale

Qu'est-ce qu'un verbe à la forme pronominale ?
Un verbe précédé de **se** à l'infinitif est un verbe à la forme pronominale.

Exemples : se regarder, se lever

Un verbe pronominal se conjugue avec un pronom personnel réfléchi (me, te, se, nous, vous, se) représentant la même personne que le sujet.

Exemples : Je **me** regarde. = Je regarde **moi-même**.
Il **se** regarde. = Il regarde **lui-même**.

B. Emploi du verbe pronominal

- ***Avec un temps simple :***

Exemple avec le verbe **se regarder** au présent de l'indicatif

Je	**me**	regarde		Nous	**nous**	regardons
Tu	**te**	regardes		Vous	**vous**	regardez
Il/elle/on	**se**	regarde		Ils/elles	**se**	regardent

Remarques

1. Le pronom réfléchi **se** est utilisé à la **3e** personne du singulier et à la **3e** personne du pluriel.

2. Devant une **voyelle** ou un **h** muet :

me devient	⇨	**m'**		je **m'**appuie	je **m'**habitue
te devient	⇨	**t'**		tu **t'**appuies	tu **t'**habitues
se devient	⇨	**s'**		il **s'**appuie	il **s'**habitue

- ***Avec un temps composé :***

Exemple avec le verbe **se regarder** au passé composé

Je	**me**	suis regardé(e)	Nous	**nous**	sommes regardé(e)s
Tu	**t'**	es regardé(e)	Vous	**vous**	êtes regardé(e)(s)
Il	**s'**	est regardé	Ils	**se**	sont regardés
Elle	**s'**	est regardée	Elles	**se**	sont regardées

Remarque

Avec les temps composés, un verbe pronominal se conjugue toujours avec l'auxiliaire **être**.
Il s'est perdu (passé composé). Il s'était perdu (plus-que-parfait). Il se sera perdu (futur antérieur). Il se serait perdu (conditionnel passé).

C. Accord du verbe pronominal

Il existe deux sortes de verbes pronominaux :

1. ***Les verbes qui se conjuguent toujours avec le pronom réfléchi se comme : s'envoler, se repentir…***

– Quand ces verbes sont conjugués à un temps composé, le participe passé s'accorde avec le sujet du verbe. C'est le principe de la règle du participe passé employé avec l'auxiliaire **être**.

Exemples : Elle s'est envolé**e** ; ils se sont repenti**s**

2. ***Les verbes qui se conjuguent avec ou sans le pronom réfléchi se comme : laver/se laver ; couper/se couper…***

– Quand ces verbes sont conjugués à un temps composé, le participe passé s'accorde soit avec le sujet, soit avec le COD.

Trois possibilités :

a. *Le participe passé s'accorde avec le sujet s'il n'y a pas de COD :*

Exemple : ***Elle*** s'est lavé**e**.
sujet

⇨ Il n'y a pas de COD.

⇨ On accorde **lavée** avec le sujet **elle**.

b. *Le participe passé reste invariable si le COD est placé **après** le verbe :*

Exemple : ***Elle*** s'est lavé ***les cheveux***.
cod

⇨ Il y a un COD ***après*** le verbe.
⇨ On n'accorde pas **lavé**.

c. *Le participe passé s'accorde avec le COD si le COD est placé **avant** le verbe :*

Exemple : ***La mèche qu'***il s'est coupé**e** est blonde.
cod

⇨ Il y a un COD ***avant*** le verbe.
⇨ On accorde **coupée** avec le COD **mèche**.

C'est le principe de la règle du participe passé employé avec l'auxiliaire **avoir** : [La femme que j'ai vu**e** est jolie.] J'accorde **vue** avec **femme** qui est un COD.

Remarques

1. **S'arroger** est un verbe qui se conjugue toujours avec le pronom réfléchi **se**. Pourtant, le participe passé de ce verbe ne s'accorde pas avec le sujet, mais avec le COD s'il est placé avant le verbe.

Exemple : Cette femme s'est arrogé des droits. Les droits qu'elle s'est arrogés semblent immérités.

2. Certains verbes pronominaux restent toujours invariables. C'est le cas de :

Se sourire : Ils se sont souri. **Se succéder :** Ils se sont succédé. **Se plaire** : Elles se sont plu ici....

Ces participes passés ne s'accordent pas parce que le pronom réfléchi **se** n'est pas un COD :
Ils se sont souri. Ils ont souri **à qui** ? - **à se** = à eux-mêmes.
Il s'agit d'un complément d'objet indirect (COI) et non pas d'un COD (COD : voir page 49).

Exercices (corrigés page 212)

Rappel

au présent de l'indicatif	au passé composé
Les verbes : dire, faire, cuire...	Les verbes : dire, faire, cuire...
se terminent avec un **-s** :	se terminent avec un **-t** :
Je di**s**, je fai**s**, je cui**s**...	J'ai di**t**, j'ai fai**t**, j'ai cui**t**...

❶ Je conjugue au **présent de l'indicatif** les verbes pronominaux suivants :

Se plaindre :

....

....

....

S'enfuir :

....

....

....

❷ Je conjugue les mêmes verbes au **passé composé** :

Se plaindre : (au masculin)

....

....

....

S'enfuir (au féminin)

....

....

....

❸ J'accorde les **participes passés** si nécessaire :

Elle s'est (lavé). .... Elle s'est (lavé) .... la tête. Elles se sont (embrassé) .... Ils se sont (ennuyé) .... Elle s'est (coupé) .... Elle s'est (coupé) .... les ongles. Les cheveux qu'il s'est (coupé) .... étaient trop longs. La jambe qu'il s'est (cassé) .... s'est bien (calcifié) ....

D. L'orthographe et la conjugaison (3)

Il ne faut pas confondre :

ce et se

ce tableau ⇨ **ce** est placé devant un nom ou un adjectif qualificatif de genre masculin.
On pourrait dire au féminin : **cette** table

Il **se** lève ⇨ **se** est utilisé pour former un verbe pronominal conjugué à un temps simple.
On pourrait dire : nous **nous** levons.

mon et m'ont

Mon fils est là. ⇨ **mon** (fils), c'est le mien.
On pourrait dire : **ma** fille est là.

Ils **m'ont** vu. ⇨ **m'ont** (m'+ont) ; **ont**, c'est l'auxiliaire **avoir** à la **3e** personne du pluriel. Il sert à conjuguer le verbe **voir** au passé composé.
On pourrait dire : il m'**a** vu.

mes et m'est

J'aime **mes** enfants. ⇨ **mes** (enfants), ce sont les miens.
On pourrait dire : j'aime mon enfant.

Cet outil **m'est** utile. ⇨ **m'est** (m'+est) ; **est**, c'est le verbe **être** à la **3e** personne du singulier.
On pourrait dire : ces outils me **sont** utiles.

c'est et s'est

c'est un arbre ⇨ **c'est** est placé devant un nom, un adjectif qualificatif ou un pronom. Il n'est pas précédé d'un sujet.

Il **s'est** levé ⇨ **s'est** est utilisé pour former un verbe pronominal conjugué au passé composé. On pourrait dire : nous **nous sommes** levés. Il est précédé d'un sujet.

c'était et s'était

c'était lui ⇨ **c'était** est placé devant un nom, un adjectif qualificatif ou un pronom. Il n'est pas précédé d'un sujet.

Il **s'était** levé ⇨ **s'était** est utilisé pour former un verbe pronominal conjugué au plus-que-parfait. On pourrait dire : nous **nous étions** levés. Il est précédé d'un sujet.

Exercices

Exercices (corrigés page 212)

❶ Je complète les phrases avec **ce** ou **se** :

.... joli vase me plaît beaucoup. Valentine .... balance doucement. Le soleil .... couche à l'ouest. .... genre de vêtement ne .... porte plus.

❷ Je complète les phrases avec **mon** ou **m'ont** :

.... chien s'appelle Hugo. Valentin et Bastien .... offert un beau cadeau. Les enfants .... appris un jeu. Ils .... appelé au téléphone cette nuit. .... stylo est bleu. Jonathan et Victoria .... invité chez eux.

❸ Je complète les phrases avec **mes** ou **m'est** :

.... chaussures sont trop petites. Il .... arrivé une aventure. .... parents arrivent ce soir. .... voisins sont très sympathiques. Il .... difficile de venir te voir prochainement. Ma montre .... indispensable.

❹ Je complète les phrases avec **c'est** ou **s'est** :

.... son anniversaire. Le repas .... bien déroulé. On .... bien amusés. .... déjà la fin des vacances ! .... toi qui viendras me chercher ? Marjolaine .... écorché le genou. Dan .... marié avec Stéphanie l'an dernier. .... la guitare de Gildas. .... Aurélien qui chantera demain.

❺ Je complète les phrases avec **c'était** ou **s'était** :

Hier, ... l'anniversaire d'Anna. .... bien ! Mélanie .... déguisée en gitane. Elle ressemblait à Esméralda. Si .... lui, je l'aurais reconnu. Ce soir-là, il .... couché tôt.

Chap. 12

LE PASSÉ SIMPLE

On utilise le **passé simple** pour raconter un évènement passé. C'est le temps de la narration :

Elle **travailla** toute sa vie et n'**obtint** qu'une faible retraite.

Utilisé avec l'imparfait, le **passé simple** exprime un fait passé, de courte durée, qui arrive à un moment précis dans un récit.

Alors qu'il coupait du bois dans sa cabane, sa femme **arriva** en criant**...**

Le **passé simple** est également employé dans la phrase courte qui suit le dialogue :

... « Que se passe-t-il ? d**emanda**-t-il

– J'ai aperçu un ours là-bas lui **répondit**-elle.

Le passé simple n'est plus utilisé dans le langage parlé. Il est remplacé par le passé composé.

A. Les verbes du premier groupe (-er)

Au **passé simple**, les terminaisons des verbes du 1er groupe et du verbe **aller** sont :

-ai, -as, -a, -âmes, -âtes, -èrent

Exemple avec le verbe **danser**

Je	dans **ai**
Tu	dans **as**
Il/elle/on	dans **a**
Nous	dans **âmes** (avec -**â**)
Vous	dans **âtes** (avec -**â**)
Ils/elles	dans **èrent**

Remarque

Les terminaisons des verbes des trois groupes prennent un accent circonflexe (^) aux deux premières personnes du pluriel.

Les verbes comme **danser** dont le radical ne se modifie pas, notamment :

1. *Les verbes en [-**yer** comme **appuyer** ou **envoyer**]*

J'	appuy**ai**		J'	envoy**ai**
Tu	appuy**as**		Tu	envoy**as**
Il/elle/on	appuy**a**		Il/elle/on	envoy**a**
Nous	appuy**âmes**		Nous	envoy**âmes**
Vous	appuy**âtes**		Vous	envoy**âtes**
Ils/elles	appuy**èrent**		Ils/elles	envoy**èrent**

2. *Les verbes en [-**eler** comme **appeler** ou **geler**] en [-**eter** comme **jeter** ou **acheter**]*

J'	appel**ai**		Je	jet**ai**
Tu	appel**as**		Tu	jet**as**
Il/elle/on	appel**a**		Il/elle/on	jet**a**
Nous	appel**âmes**		Nous	jet**âmes**
Vous	appel**âtes**		Vous	jet**âtes**
Ils/elles	appel**èrent**		Ils/elles	jet**èrent**

3. *Les verbes à radical en [-**e** muet comme **soulever**] et en [-**é** fermé comme **posséder**]*

Je	soulev**ai**		Je	posséd**ai**
Tu	soulev**as**		Tu	posséd**as**
Il/elle/on	soulev**a**		Il/elle/on	posséd**a**
Nous	soulev**âmes**		Nous	posséd**âmes**
Vous	soulev**âtes**		Vous	posséd**âtes**
Ils/elles	soulev**èrent**		Ils/elles	posséd**èrent**

4. *Le verbe* **aller**

J'	all**ai**
Tu	all**as**
Il/elle/on	all**a**
Nous	all**âmes**
Vous	all**âtes**
Ils/elles	all**èrent**

↬ Contrairement au présent de l'indicatif, ces verbes se conjuguent au passé simple tout simplement à partir de leur radical.

Exercices (corrigés page 212)

❶ Je conjugue au **passé simple**, aux personnes demandées, les verbes suivants :

Employer : (avec **je** et **nous**)

....

Acheter :

....

Congeler : (avec **tu** et **vous**)

....

Rappeler :

....

Mener : (avec **il** et **ils**)

....

Préférer :

....

Aller :

....

Exercices

Les verbes dont le radical se modifie :

*1. Les verbes en [-**cer** comme **percer**]*

Je	perç**ai**
Tu	perç**as**
Il/elle/on	perç**a**
Nous	perç**âmes**
Vous	perç**âtes**
Ils/elles	perc**èrent**

➪ Ces verbes prennent un -**ç** pour garder le son [se] ***sauf*** avec **ils/elles**

*2. Les verbes en [-**ger** comme **manger**]*

Je	mange**ai**
Tu	mange**as**
Il/elle/on	mange**a**
Nous	mange**âmes**
Vous	mange**âtes**
Ils/elles	mang**èrent**

➪ Ces verbes conservent l'-**e** après le -**g** pour garder le son [ge] à **toutes les personnes.**

B. Les verbes du deuxième groupe (-ir/-issons)

Au **passé simple**, les terminaisons des verbes du **2e** groupe sont :
-is, -is, -it, -îmes, -îtes, -irent

Exemple avec le verbe **grandir**

Je	grand **is**
Tu	grand **is**
Il/elle/on	grand **it**
Nous	grand **îmes** (avec -î)
Vous	grand **îtes** (avec -î)
Ils/elles	grand **irent**

➪ Au passé simple, tous les verbes du **2e** groupe se conjuguent à partir de leur radical comme **grandir**.

C. Les verbes du troisième groupe (-oir ; -re ; -ir + aller)

Au **passé simple**, les verbes du **3e** groupe ont trois terminaisons différentes :

-is, -is, -it, -îmes, -îtes, -irent

-us, -us, -ut, -ûmes, -ûtes, -urent

-ins, -ins, -int, -înmes, -întes, -inrent

Exemples avec les verbes :

dormir / **courir** / **venir**

	dormir		courir		venir
Je	dorm**is**	Je	cour**us**	je	v**ins**
Tu	dorm**is**	Tu	cour**us**	Tu	v**ins**
Il/elle/on	dorm**it**	Il/elle/on	cour**ut**	Il/elle/on	v**int**
Nous	dorm**îmes**	Nous	cour**ûmes**	Nous	v**înmes**
Vous	dorm**îtes**	Vous	cour**ûtes**	Vous	v**întes**
Ils/elles	dorm**irent**	Ils/elles	cour**urent**	Ils/elles	v**inrent**

Les verbes dont le radical ne se modifie pas :

▪ ***Les verbes qui se terminent par [-is]***

1. *Les verbes en [-**tir** comme **partir**] et les verbes comme **cueillir***

Je	part**is**	Je	cueill**is**
Tu	part**is**	Tu	cueill**is**
Il/elle/on	part**it**	Il/elle/on	cueill**it**
Nous	part**îmes**	Nous	cueill**îmes**
Vous	part**îtes**	Vous	cueill**îtes**
Ils/elles	part**irent**	Ils/elles	cueill**irent**

2. *Les verbes en [-**dre**] qui gardent le -**d** de leur radical au présent de l'indicatif comme :*

	descendre		répondre
Je	descend**is**	Je	répond**is**
Tu	descend**is**	Tu	répond**is**
Il/elle/on	descend**it**	Il/elle/on	répond**it**
Nous	descend**îmes**	Nous	répond**îmes**
Vous	descend**îtes**	Vous	répond**îtes**
Ils/elles	descend**irent**	Ils/elles	répond**irent**

perdre

Je	perd**is**
Tu	perd**is**
Il/elle/on	perd**it**
Nous	perd**îmes**
Vous	perd**îtes**
Ils/elles	perd**irent**

tordre

Je	tord**is**
Tu	tord**is**
Il/elle/on	tord**it**
Nous	tord**îmes**
Vous	tord**îtes**
Ils/elles	tord**irent**

3. *Les verbes en* [**-re** *comme* **suivre**] *et les verbes en* [**-tre** *comme* **battre**]

Je	suiv**is**
Tu	suiv**is**
Il/elle/on	suiv**it**
Nous	suiv**îmes**
Vous	suiv**îtes**
Ils/elles	suiv**irent**

Je	batt**is**
Tu	batt**is**
Il/elle/on	batt**it**
Nous	batt**îmes**
Vous	batt**îtes**
Ils/elles	batt**irent**

- ***Les verbes qui se terminent par [-us]***

1. *Les verbes en* [**-oir** *comme* **vouloir**]

Je	voul**us**
Tu	voul**us**
Il/elle/on	voul**ut**
Nous	voul**ûmes**
Vous	voul**ûtes**
Ils/elles	voul**urent**

2. *Les verbes en* [**-ure** *comme* **conclure**]

Je	concl**us**
Tu	concl**us**
Il/elle/on	concl**ut**
Nous	concl**ûmes**
Vous	concl**ûtes**
Ils/elles	concl**urent**

Exercices (corrigés page 213)

❶ Je conjugue au **passé simple** le verbe suivant :

Embellir :

....

....

....

❷ Je conjugue au **passé simple**, aux personnes demandées, les verbes suivants :

Sortir : (avec **je, nous, ils**)

....

Offrir :

....

Rendre :

....

Combattre : (avec **tu, il, vous**)

....

Inclure :

....

Parcourir :

....

Les verbes dont le radical se modifie (1) :

▪ Les verbes qui se terminent par [-is]

1. *Les verbes en* [**-oir** *comme* **voir** *et* **s'asseoir**]

Je	vis	Je	m'assis
Tu	vis	Tu	t'assis
Il/elle/on	vit	Il/elle/on	s'assit
Nous	vîmes	Nous	nous assîmes
Vous	vîtes	Vous	vous assîtes
Ils/elles	virent	Ils/elles	s'assirent

Il ne faut pas confondre :

⇨je **vis**, tu **vis**, il **vit** (verbe **voir** au passé simple) et

⇨je **vis**, tu **vis**, il **vit** (verbe **vivre** au présent de l'indicatif)

↳ Ces deux verbes ont les mêmes terminaisons aux personnes du singulier.

2. *Les verbes en* [**-dre** *comme* **prendre**] *et en* [**-tre** *comme* **mettre**]

Je	pris	Je	mis
Tu	pris	Tu	mis
Il/elle/on	prit	Il/elle/on	mit
Nous	prîmes	Nous	mîmes
Vous	prîtes	Vous	mîtes
Ils/elles	prirent	Ils/elles	mirent

Il ne faut pas confondre :

⇨ je pri**s**, tu pri**s**, il pri**t** (verbe **prendre** au passé simple) et

⇨ je pri**e**, tu pri**es**, il pri**e** (verbe **prier** au présent)

3. *Les verbes en [-**re** comme **écrire** et **faire**]*

J'	écriv**is**		Je	f**is**
Tu	écriv**is**		Tu	f**is**
Il/elle/on	écriv**it**		Il/elle/on	f**it**
Nous	écriv**îmes**		Nous	f**îmes**
Vous	écriv**îtes**		vous	f**îtes**
Ils/elles	écriv**irent**		Ils/elles	f**irent**

↳ Le radical du verbe **écrire** est similaire à celui du présent (nous **écriv**ons).

Il ne faut pas confondre :
⇨ je **fis** (verbe **faire**) et ⇨ je **fus** (verbe **être**).

4. *Les verbes en [-**aindre** comme **craindre**] en [-**oindre** comme **joindre**] et en [-**eindre** comme **peindre**]*

Je	craign**is**
Tu	craign**is**
Il/elle/on	craign**it**
Nous	craign**îmes**
Vous	craign**îtes**
Ils/elles	craign**irent**

↳ Le radical de ces verbes est similaire à celui du présent (nous **craign**ons)

Exercices (corrigés page 213)

❶ Je conjugue au **passé simple,** aux personnes demandées, les verbes suivants :

Revoir : (avec **je** et **nous**)

....

Apprendre :

....

Permettre : (avec **tu** et **vous**)

....

Abattre :

....

Inscrire : (avec **il** et **ils**)

....

Joindre :

....

❷ Je conjugue au **passé simple** les verbes suivants :

S'ennuyer : je ....

S'asseoir : tu ....

Accourir : il ....

Découvrir : nous ....

Comprendre : vous ....

S'endormir : ils ....

Les verbes dont le radical se modifie (2) :

▪ *Les verbes qui se terminent par [-us]*

1. *Les verbes en* [-**cevoir** *comme* **recevoir**]

Je	reçus
Tu	reçus
Il/elle/on	reçut
Nous	reçûmes
Vous	reçûtes
Ils/elles	reçurent

↳ Ces verbes prennent un **ç** pour garder le son [se] à **toutes les personnes**.

2. *Les verbes en* [-**oir** *comme* **devoir**, **savoir**, **pouvoir**] *et* [**croire**]

Je	**d**us		Je	**s**us		Je	**p**us
Tu	**d**us		Tu	**s**us		Tu	**p**us
Il/elle/on	**d**ut		Il/elle/on	**s**ut		Il/elle/on	**p**ut
Nous	**d**ûmes		Nous	**s**ûmes		Nous	**p**ûmes
Vous	**d**ûtes		Vous	**s**ûtes		Vous	**p**ûtes
Ils/elles	**d**urent		Ils/elles	**s**urent		Ils/elles	**p**urent

Je	**cr**us
Tu	**cr**us
Il/elle/on	**cr**ut
Nous	**cr**ûmes
Vous	**cr**ûtes
Ils/elles	**cr**urent

↳ Le radical de ces verbes se transforme à **toutes les personnes**.

3. *Les verbes en [-**aître** comme **connaître**]*

Je	**conn**us
Tu	**conn**us
Il/elle/on	**conn**ut
Nous	**conn**ûmes
Vous	**conn**ûtes
Ils/elles	**conn**urent

↳ **Mais** on écrit le verbe **naître**

Je	na**qu**is
Tu	na**qu**is
Il/elle/on	na**qu**it
Nous	na**qu**îmes
Vous	na**qu**îtes
Ils/elles	na**qu**irent

- ***Les verbes qui se terminent par [*-ins]**

Ce sont tous les verbes en [-**enir** comme **venir**]

Je	**v**ins
Tu	**v**ins
Il/elle/on	**v**int
Nous	**v**înmes
Vous	**v**întes
Ils/elles	**v**inrent

Attention aux terminaisons : – **înmes** (avec **nous**)
– **întes** (avec **vous**).

D. Liste des verbes courants dont le radical se modifie au passé simple

(Verbes non cités dans les pages précédentes)

Acquérir + les verbes en -quérir	J'**acquis**	Nous ac**quîmes**	Ils **acquirent**
Boire	Je b**us**	Nous b**ûmes**	Ils b**urent**
Dire + redire, interdire	Je d**is**	Nous d**îmes**	Ils d**irent**
Lire + élire, relire	Je l**us**	Nous l**ûmes**	Ils l**urent**
Moudre	Je mou**l**us	Nous mou**l**ûmes	Ils mou**l**urent
Plaire + déplaire, se taire	Je pl**us**	Nous pl**ûmes**	Ils pl**urent**
Résoudre	Je rés**ol**us	Nous rés**ol**ûmes	Ils rés**ol**urent
Rire + sourire	Je r**is**	Nous r**îmes**	Ils r**irent**
Vaincre + convaincre	Je vain**qu**is	Nous vain**qu**îmes	Ils vain**qu**irent
Vivre + revivre, survivre	Je v**éc**us	Nous **véc**ûmes	Ils v**éc**urent

Remarque

L'**i** de ⇨ je **dis** et je **ris** fait partie du radical et sert aussi de terminaison.

E. Les verbes : être et avoir

Le verbe **être** (sage) au passé simple			Le verbe **avoir** (froid) au passé simple		
Je	**fus**	sage	J'	**eus**	froid
Tu	**fus**	sage	Tu	**eus**	froid
Il	**fut**	sage	Il	**eut**	froid
Elle	**fut**	sage	Elle	**eut**	froid
Nous	**fûmes**	sages	Nous	**eûmes**	froid
Vous	**fûtes**	sage(s)	Vous	**eûtes**	froid
Ils	**furent**	sages	Ils	**eurent**	froid
Elles	**furent**	sages	Elles	**eurent**	froid

↳ Il ne faut pas confondre : ⇨je **fus** (verbe **être**) et ⇨je **fis** (verbe **faire**).

Exercices (corrigés page 213)

❶ Je conjugue au **passé simple** (avec **il** et **ils**) les verbes suivants :

Apercevoir :

....

Reconnaître :

....

Obtenir :

....

Boire :

....

Lire :

....

Résoudre :

....

Vivre :

....

❷ Je conjugue au **passé simple** les verbes suivants :

Être (aimable) **Avoir** (peur)

....

....

....

....

....

....

❸ Je complète le texte ci-dessous, extrait des *Nouveaux contes de fées* de la Comtesse de Ségur, en utilisant les verbes numérotés que j'écris au **passé simple :**

1. dormir ; 2. venir ; 3. se faire ; 4. se réveiller ; 5. se frotter ; 6. appeler ; 7. répondre ; 8. regarder ; 9. voir

Blondine (1) .... toute la nuit ; aucune bête féroce ne (2) .... troubler son sommeil ; le froid ne (3) .... pas sentir ; elle (4) .... le lendemain assez tard ; elle (5) .... les yeux, très surprise de se voir entourée d'arbres, au lieu de se trouver dans sa chambre et dans son lit. Elle (6) .... sa bonne ; un miaulement doux lui (7) .... ; étonnée et presque effrayée, elle (8) .... à terre et (9) .... à ses pieds un magnifique chat blanc qui la regardait avec douceur et qui miaulait.

❹ Je conjugue au **passé simple** les verbes suivants :

Acquérir : j'.....................

Dire : tu ....

Être : elle ....

Faire : nous ....

Croire : vous ....

Sourire : ils ....

Chap. 13

LE PASSÉ ANTÉRIEUR

Juste pour avoir une idée…

À peine **eut-on terminé** le repas qu'il fallut repartir.
Nous **eûmes** rapidement **compris** notre erreur.
Quand ils **furent arrivés** au village, ils se séparèrent.

Ces verbes sont au **passé antérieur.** Ce temps n'est plus utilisé de nos jours dans le langage parlé.

Les auxiliaires : être et avoir

Le verbe **être** (sage) au passé antérieur					Le verbe **avoir** (froid) au passé antérieur			
J'	**eus**	**été**	sage		J'	**eus**	**eu**	froid
Tu	**eus**	**été**	sage		Tu	**eus**	**eu**	froid
Il	**eut**	**été**	sage		Il	**eut**	**eu**	froid
Elle	**eut**	**été**	sage		Elle	**eut**	**eu**	froid
Nous	**eûmes**	**été**	sages		Nous	**eûmes**	**eu**	froid
Vous	**eûtes**	**été**	sage(s)		Vous	**eûtes**	**eu**	froid
Ils	**eurent**	**été**	sages		Ils	**eurent**	**eu**	froid
Elles	**eurent**	**été**	sages		Elles	**eurent**	**eu**	froid

Chap. 14

LE SUBJONCTIF PRÉSENT

On utilise le **subjonctif présent** pour exprimer :

– un doute, une crainte :

J'ai peur qu'il n'**apprenne** la nouvelle.

– un désir, une incertitude :

J'aimerais que tu **viennes** me voir.

Le subjonctif s'emploie après **que** dans les expressions suivantes :

Il faut ***que****, bien* ***que****,* ***quoique****, jusqu'à ce* ***que****, pour* ***que****, avant* ***que****…*

Il faut que tu **dormes**.

*Bien qu'*il **soit** malade, il va travailler.

Quoique tu me **dises**, je préfère partir.

J'insisterai *jusqu'à ce que* tu **comprennes**.

A. Les verbes du premier groupe (-er)

Au **subjonctif présent**, les terminaisons des verbes du 1er groupe sont : **-e**, **-es**, **-e**, **-ions**, **-iez**, **-ent**.

Exemple avec le verbe **danser**

Il faut que	Je	dans**e**
Il faut que	Tu	dans**es**
Il faut qu'	Il/elle/on	dans**e**
Il faut que	Nous	dans**ions**
Il faut que	Vous	dans**iez**
Il faut qu'	Ils/elles	dans**ent**

Remarque

Les terminaisons sont les mêmes :
– que celles du présent de l'indicatif avec **je**, **tu** (**il/elle/on**) et (**ils/elles**)
– que celles de l'imparfait de l'indicatif avec **nous** et **vous**.

Les verbes dont le radical se modifie :

Ce sont les mêmes verbes que ceux du présent de l'indicatif. Le radical se transforme de la même façon aux mêmes personnes :

1. *Les verbes en [-**yer** comme **payer**, **appuyer** et **employer**]*

que	J'	appu**i**e
que	Tu	appu**i**es
qu'	Il/elle/on	appu**i**e
que	Nous	appu**yi**ons (avec -y**i**)
que	Vous	appu**yi**ez (avec -y**i**)
qu'	Ils/elles	appu**i**ent

➯ On n'oublie pas l'-**i** de la terminaison du subjonctif avec **nous** et **vous**.

2. *Les verbes en [-**eler** comme **appeler**] et en [-**eter** comme **jeter**]*

que	J'	appe**ll**e	*que*	Je	je**tt**e
que	Tu	appe**ll**es	*que*	Tu	je**tt**es
qu'	Il/elle/on	appe**ll**e	*qu'*	Il/elle/on	je**tt**e
que	Nous	appe**l**ions	*que*	Nous	je**t**ions
que	Vous	appe**l**iez	*que*	Vous	je**t**iez
qu'	Ils/elles	appe**ll**ent	*qu'*	Ils/elles	je**tt**ent

Et les exceptions sont aussi les mêmes :

Exemples avec les verbes **:**

geler

que	Je	g**è**le
que	Tu	g**è**les
qu'	Il/elle/on	g**è**le
que	Nous	gel**i**ons
que	Vous	gel**i**ez
qu'	Ils/elles	g**è**lent

acheter

que	J'	ach**è**te
que	Tu	ach**è**tes
qu'	Il/elle/on	ach**è**te
que	Nous	achet**i**ons
que	Vous	achet**i**ez
qu'	Ils/elles	ach**è**tent

3. *Les verbes à radical en* [-**e** *muet comme* **soulever**] *et en* [-**é** *fermé comme* **posséder**]

que	Je	soul**è**ve
que	Tu	soul**è**ves
qu'	Il/elle/on	soul**è**ve
que	Nous	soulev**i**ons
que	Vous	soulev**i**ez
qu'	Ils/elles	soul**è**vent

que	Je	poss**è**de
que	Tu	poss**è**des
qu'	Il/elle/on	poss**è**de
que	Nous	poss**édi**ons
que	Vous	poss**édi**ez
qu'	Ils/elles	poss**è**dent

Les verbes qui réclament une attention particulière :

Ce sont les mêmes verbes que ceux de l'imparfait de l'indicatif. Ils se conjuguent à partir de leur radical :

1. *Les verbes comprenant* [-**ll** *comme* **travailler**] *ou* [-**gn** *comme* **gagner**]

que	Je	travaille
que	Tu	travailles
qu'	Il/elle/on	travaille
que	Nous	travaill**i**ons (avec -**i**)
que	Vous	travaill**i**ez (avec -**i**)
qu'	Ils/elles	travaillent

que	Je	gagne
que	Tu	gagnes
qu'	Il/elle/on	gagne
que	Nous	gagn**i**ons (avec -**i**)
que	Vous	gagn**i**ez (avec -**i**)
qu'	Ils/elles	gagnent

➯ Avec ces verbes, on n'oublie pas l'-**i** de la terminaison du subjonctif présent avec **nous** et **vous**.

2. *Les verbes en* [-**ier** *comme* **crier**]

que	Je	crie
que	Tu	cries
qu'	Il/elle/on	crie
que	Nous	cr**ii**ons (avec -**ii**)
que	Vous	cr**ii**ez (avec -**ii**)
qu'	Ils/elles	crient

↳ Avec ces verbes, on écrit bien -**ii** avec **nous** et **vous** (un -**i** pour le radical + un -**i** pour la terminaison du subjonctif).

3. *Les verbes en* [-**uer** *comme* **continuer**] *et en* [-**ouer** *comme* **jouer**]

que	Je	continue
que	Tu	continues
qu'	Il/elle/on	continue
que	Nous	continu**i**ons (avec -**i**)
que	Vous	continu**i**ez (avec -**i**)
qu'	Ils/elles	continuent

que	Je	joue
que	Tu	joues
qu'	Il/elle/on	joue
que	Nous	jou**i**ons (avec -**i**)
que	Vous	jou**i**ez (avec -**i**)
qu'	Ils/elles	jouent

↳ Avec ces verbes, on n'écrit qu'un seul -**i** (celui de la terminaison du subjonctif) car le radical n'en contient pas.

Exercice (corrigés page 213)

❶ Je conjugue au **subjonctif présent**, aux personnes demandées, les verbes suivants :

Il faut que…

Acheter : (avec **je** et **nous**)

....

Se réveiller :

....

Accompagner :

....

Envoyer :

....

Copier : (avec **tu, vous** et **ils**)

....

Louer :

....

Distribuer :

....

Célébrer :

....

B. Les verbes du deuxième groupe (-ir/-issons)

Au **subjonctif présent**, les terminaisons des verbes du **2e** groupe sont :
-isse, -isses, -isse, -issions, -issiez, -issent

Exemple avec le verbe **grandir**

Il faut que	Je	grand **isse**
Il faut que	Tu	grand **isses**
Il faut qu'	Il/elle/on	grand **isse**
Il faut que	Nous	grand **issions**
Il faut que	Vous	grand **issiez**
Il faut qu'	Ils/elles	grand **issent**

↬ Au subjonctif présent, tous les verbes du **2e** groupe se conjuguent à partir de leur radical comme **grandir**.

C. Les verbes du troisième groupe (-oir ; -re ; -ir + aller)

Au **subjonctif présent**, les terminaisons des verbes du **3e** groupe sont :
-e, -es, -e, -ions, -iez, -ent

Exemple avec le verbe **courir**

Il faut que	Je	cour **e**
Il faut que	Tu	cour **es**
Il faut qu'	Il/elle/on	cour **e**
Il faut que	Nous	cour **ions**
Il faut que	Vous	cour **iez**
Il faut qu'	Ils/elles	cour **ent**

↬ Ce sont les mêmes terminaisons que celles du 1er groupe.

Les verbes comme **courir** dont le radical ne se modifie pas :

1. *Les verbes comme* **cueillir, offrir, ouvrir, souffrir, tressaillir**…

que	Je	cueill**e**
que	Tu	cueill**es**
qu'	Il/elle/on	cueill**e**
que	Nous	cueill**ions**
que	Vous	cueill**iez**
qu'	Ils/elles	cueill**ent**

2. *Les verbes en* [-**ir** *comme* **dormir** *et* **servir**] *et en* [-**tir** *comme* **sentir**]

que	Je	dorm**e**
que	Tu	dorm**es**
qu'	Il/elle/on	dorm**e**
que	Nous	dorm**ions**
que	Vous	dorm**iez**
qu'	Ils/elles	dorm**ent**

que	Je	sent**e**
que	Tu	sent**es**
qu'	Il/elle/on	sent**e**
que	Nous	sent**ions**
que	Vous	sent**iez**
qu'	Ils/elles	sent**ent**

3. *Les verbes en* [-**tre** *comme* **battre** *et* **mettre**]

que	Je	batt**e**
que	Tu	batt**es**
qu'	Il/elle/on	batt**e**
que	Nous	batt**ions**
que	Vous	batt**iez**
qu'	Ils/elles	batt**ent**

4. *Les verbes* [*en* -**dre**] *qui gardent le* -**d** *de leur radical au présent de l'indicatif comme :*

descendre

que	Je	descend**e**
que	Tu	descend**es**
qu'	Il/elle/on	descend**e**
que	Nous	descend**ions**
que	Vous	descend**iez**
qu'	Ils/elles	descend**ent**

5. *Les verbes en [***-re** *comme* **conclure, suivre, vivre**] *et en [***-re** *comme* **rompre**]

	conclure				**rompre**	
que	Je	concl**ue**		*que*	Je	romp**e**
que	Tu	concl**ues**		*que*	Tu	romp**es**
qu'	Il/elle/on	concl**ue**		*qu'*	Il/elle/on	romp**e**
que	Nous	concl**uions**		*que*	Nous	romp**ions**
que	Vous	concl**uiez**		*que*	Vous	romp**iez**
qu'	Ils/elles	concl**uent**		*qu'*	Ils/elles	romp**ent**

Exercices

Exercices (corrigés page 213)

❶ Je complète les phrases suivantes en utilisant le **subjonctif présent** (avec **je**) d'après le modèle :

Il faut que (répondre) .... vite à Emmanuel / Il faut que ***je réponde*** vite à Emmanuel.

Il faut que (courir) .... à la poste.

Il faut que (ouvrir) .... la fenêtre.

Il faut que (servir) .... le repas.

Il faut que (voir) .... ce spectacle.

❷ Je complète les phrases suivantes avec les verbes entre parenthèses que j'écris au **subjonctif présent** :

Bien que les tortues (vivre) .... longtemps, elles sont vulnérables. Nous avons dû revoir nos prix, afin qu'ils (conclure) .... un contrat avec nous. Il faut que vous (attendre) .... votre train pendant une heure. Pourvu que Dan et Stéphanie (finir) .... à l'heure !

Les verbes dont le radical se modifie (1) :

1. *Les verbes* **pouvoir** *et* **vouloir**

que	Je	p**uiss**e
que	Tu	p**uiss**es
qu'	Il/elle/on	p**uiss**e
que	Nous	p**uiss**ions
que	Vous	p**uiss**iez
qu'	Ils/elles	p**uiss**ent

que	Je	**veui**lle
que	Tu	**veuill**es
qu'	Il/elle/on	**veui**lle
que	Nous	voulions (**voul**- comme à l'infinitif)
que	Vous	vouliez (**voul**- comme à l'infinitif)
qu'	Ils/elles	**veuillent**

➯ Le radical du verbe **pouvoir** se transforme à **toutes les personnes**.
Le radical du verbe **vouloir** se transforme ***sauf*** avec **nous** et **vous**.

2. *Le verbe* **aller**

que	J'	a**i**lle
que	Tu	a**i**lles
qu'	Il/elle/on	a**i**lle
que	Nous	allions (**all**- comme à l'infinitif)
que	Vous	alliez (**all**- comme à l'infinitif)
qu'	Ils/elles	a**i**llent

➯ Le radical du verbe **aller** se transforme ***sauf*** avec **nous** et **vous**.

3. *Les verbes en* [-**enir** *comme* **venir**]

que	Je	**vienn**e
que	Tu	**vienn**es
qu'	Il/elle/on	**vienn**e
que	Nous	venions (**ven**- comme à l'infinitif)
que	Vous	veniez (**ven**- comme à l'infinitif)
qu'	Ils/elles	**vienn**ent

➯ Le radical de ces verbes se transforme et on écrit -**nn** ***sauf*** avec **nous** et **vous**.

4. *Les verbes en [en* **-aître** *comme* **connaître**]

que	Je	connai**ss**e
que	Tu	connai**ss**es
qu'	Il/elle/on	connai**ss**e
que	Nous	connai**ss**ions
que	Vous	connai**ss**iez
qu'	Ils/elles	connai**ss**ent

↳ Le radical de ces verbes prend **-ss** à **toutes les personnes.**

Exercices (corrigés page 213)

Exercices

❶ Je complète les phrases suivantes en utilisant les verbes entre parenthèses que j'écris au **subjonctif présent :**

Téléphone-moi pour que l'on (convenir) .... d'un rendez-vous.

Je désire qu'ils (aller) .... chez leur tante.

Nous souhaitons que vous (réussir) .... dans votre entreprise.

Pourquoi craignez-vous qu'il vous (reconnaître) .... ?

❷ Je conjugue au **subjonctif présent**, aux personnes demandées, les verbes suivants :

Il faut que...

Rappeler : (avec **je, tu, il**)

....

Peler :

....

Vouloir : (avec **nous, vous, ils**)

....

Transmettre :

....

Les verbes dont le radical se modifie (2) :

1. *Les verbes en* [-**re** *comme* **dire** *et* **lire**]

que	Je	dise
que	Tu	dises
qu'	Il/elle/on	dise
que	Nous	disions
que	Vous	disiez
qu'	Ils/elles	disent

↳ Le radical de ces verbes prend un -**s** à **toutes les personnes**.

Mais on écrit le verbe **rire** (et sourire)

que	Je	**ri**e
que	Tu	**ri**es
qu'	Il/elle/on	**ri**e
que	Nous	**ri**ions
que	Vous	**ri**iez
qu'	Ils/elles	**ri**ent

↳ Le verbe **rire** se conjugue à partir de son radical (**ri**-), et on écrit bien -**ii** avec **nous** et **vous** (un -**i** pour le radical + un -**i** pour la terminaison du subjonctif).

2. *Les verbes en* [-**re** *comme* **faire**]

que	Je	**fass**e
que	Tu	**fass**es
qu'	Il/elle/on	**fass**e
que	Nous	**fass**ions
que	Vous	**fass**iez
qu'	Ils/elles	**fass**ent

↳ Le radical de ces verbes se transforme à **toutes les personnes**.

3. *Les verbes en* [-**cevoir** *comme* **recevoir**]

que	Je	reç**oi**ve
que	Tu	reç**oi**ves
qu'	Il/elle/on	reç**oi**ve
que	Nous	recevions (**recev**- comme à l'infinitif)
que	Vous	receviez (**recev**- comme à l'infinitif)
qu'	Ils/elles	reç**oi**vent

↳ Le radical de ces verbes se transforme ***sauf*** avec **nous** et **vous**.

Exercices

Exercices (corrigés page 214)

❶ Je conjugue au **subjonctif présent**, aux personnes demandées, les verbes suivants :

Il faut que…

Lire : (avec **je, tu, il**)

………………………… ………………………… …………………………

Sourire :

………………………… ………………………… …………………………

Satisfaire :

………………………… ………………………… …………………………

❷ Je conjugue au **subjonctif présent**, aux personnes demandées, les verbes suivants :

Il ne faut pas que…

Défaire : (avec **nous, vous, ils**)

………………………… ………………………… …………………………

Décevoir :

………………………… ………………………… …………………………

Les verbes dont le radical se modifie (3) :

1. *Les verbes en [-**oir** comme **savoir** et **devoir**]*

que	Je	s**ach**e
que	Tu	s**ach**es
qu'	Il/elle/on	s**ach**e
que	Nous	s**ach**ions
que	Vous	s**ach**iez
qu'	Ils/elles	s**ach**ent

que	Je	d**oi**ve
que	Tu	d**oi**ves
qu'	Il/elle/on	d**oi**ve
que	Nous	devions (**dev**- comme à l'infinitif)
que	Vous	deviez (**dev**- comme à l'infinitif)
qu'	Ils/elles	d**oi**vent

↳ Le radical du verbe **savoir** se transforme à **toutes les personnes**.
Le radical du verbe **devoir** se transforme ***sauf*** avec **nous** et **vous**.

2. *Les verbes en [-**oir** comme **voir** et **croire**]*

que	Je	voie
que	Tu	voies
qu'	Il/elle/on	voie
que	Nous	vo**y**ions
que	Vous	vo**y**iez
qu'	Ils/elles	voient

que	Je	croie
que	Tu	croies
qu'	Il/elle/on	croie
que	Nous	cro**y**ions
que	Vous	cro**y**iez
qu'	Ils/elles	croient

↳ Avec ces verbes, on voit apparaître un -**y** avec **nous** et **vous**.

Mais on écrit le verbe **boire**

que	Je	boi**v**e
que	Tu	boi**v**es
qu'	Il/elle/on	boi**v**e
que	Nous	b**uv**ions
que	Vous	b**uv**iez
qu'	Ils/elles	boi**v**ent

↳ Le radical du verbe **boire** prend un -**v** à **toutes les personnes.**

Les verbes dont le radical se modifie (4) :

1. *Les verbes en [-**dre** comme **prendre**]*

que	Je	pr**enne**
que	Tu	pr**enn**es
qu'	Il/elle/on	pr**enne**
que	Nous	pre**n**ions
que	Vous	pre**n**iez
qu'	Ils/elles	pre**nn**ent

➭ Les verbes qui se terminent par -**prendre** (com**prendre**, ap**prendre**...) perdent le -**d** de leur radical à **toutes les personnes**, et prennent -**nn** ***sauf*** avec **nous** et **vous**.

2. *Les verbes en [-**aindre** comme **craindre**] en [-**oindre** comme **joindre**] et en [-**eindre** comme **peindre**]*

que	Je	crai**gn**e
que	Tu	crai**gn**es
qu'	Il/elle/on	crai**gn**e
que	Nous	crai**gn**ions
que	Vous	crai**gn**iez
qu'	Ils/elles	crai**gn**ent

➭ Le radical de ces verbes perd son -**d** et se transforme en -**gn** à **toutes les personnes**.

3. *Les verbes en [-**soudre** comme **résoudre**]*

que	Je	réso**lv**e
que	Tu	réso**lv**es
qu'	Il/elle/on	réso**lv**e
que	Nous	réso**lv**ions
que	Vous	réso**lv**iez
qu'	Ils/elles	réso**lv**ent

➭ Le radical de ces verbes perd son -**d** et se transforme à **toutes les personnes**.

Exercices (corrigés page 214)

❶ Je complète les phrases suivantes en utilisant les verbes entre parenthèses que j'écris au **subjonctif présent** :

Nous désirons que tu nous (croire) .... et que tu (savoir) .... que nous sommes fiers de toi.

J'aimerais qu'il (voir) .... ce film avec nous pour que nous (rire) .... ensemble.

❷ Je conjugue au **subjonctif présent** les verbes suivants :

Il faut que…

Entreprendre :

....

....

....

Éteindre :

....

....

....

Dissoudre :

....

....

....

Exercices

D. Liste des verbes courants dont le radical se modifie au subjonctif présent

(Verbes non cités dans les pages précédentes)

Il faut que :

Acquérir + les verbes en -quérir	J'acqui**è**re	Nous acquérions	Ils acqui**è**rent
Asseoir (s')	Je m'ass**o**ie ou Je m'ass**ey**e	Nous nous ass**oy**ions ou Nous nous ass**ey**ions	Ils s'ass**o**ient ou Ils s'ass**ey**ent
Conduire	Je condui**s**e	Nous condui**s**ions	Ils condui**s**ent
Convaincre	Je convain**qu**e	Nous convain**qu**ions	Ils convain**qu**ent
Coudre	Je cou**s**e	Nous cou**s**ions	Ils cou**s**ent
Distraire + extraire, soustraire	Je distraie	Nous distra**y**ions	Ils distraient
Écrire	J'écri**v**e	Nous écri**v**ions	Ils écri**v**ent
Fuir + s'enfuir	Je fuie	Nous fu**y**ions	Ils fuient
Moudre	Je mou**l**e	Nous mou**l**ions	Ils mou**l**ent
Mourir	Je m**eur**e	Nous mourions	Ils m**eur**ent
Plaire + déplaire, se taire	Je plai**s**e	Nous plai**s**ions	Ils plai**s**ent

E. Les verbes : être et avoir

Le verbe **être** (sage) au subjonctif présent					Le verbe **avoir** (froid) au subjonctif présent			
que	Je	**sois**	sage		*que*	J'	**aie**	froid
que	Tu	**sois**	sage		*que*	Tu	**aies**	froid
qu'	Il	**soit**	sage		*qu'*	Il	**ait**	froid
qu'	Elle	**soit**	sage		*qu'*	Elle	**ait**	froid
que	Nous	**soyons**	sages		*que*	Nous	**ayons**	froid
que	Vous	**soyez**	sage(s)		*que*	Vous	**ayez**	froid
qu'	Ils	**soient**	sages		*qu'*	Ils	**aient**	froid
qu'	Elles	**soient**	sages		*qu'*	Elles	**aient**	froid

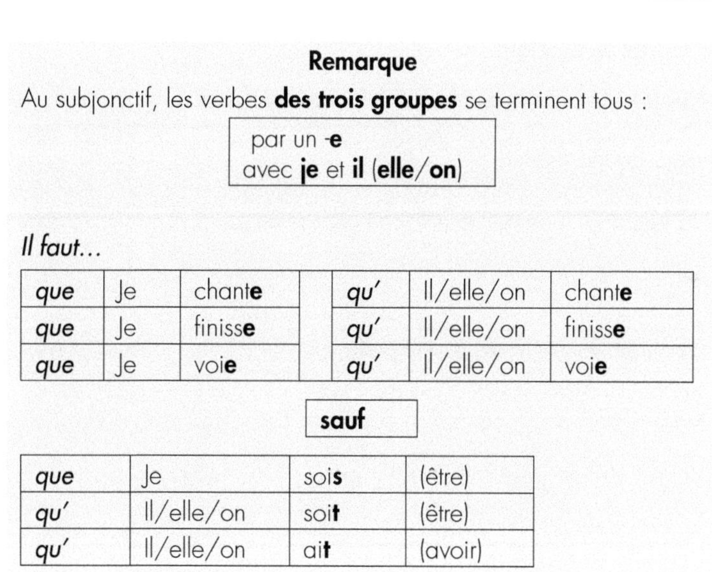

Remarque

Au subjonctif, les verbes **des trois groupes** se terminent tous :

par un **-e**
avec **je** et **il** (**elle**/**on**)

Il faut...

que	Je	chant**e**		*qu'*	Il/elle/on	chant**e**
que	Je	finiss**e**		*qu'*	Il/elle/on	finiss**e**
que	Je	voi**e**		*qu'*	Il/elle/on	voi**e**

sauf

que	Je	soi**s**	(être)
qu'	Il/elle/on	soi**t**	(être)
qu'	Il/elle/on	ai**t**	(avoir)

Exercices (corrigés page 214)

❶ **Je transforme le texte suivant en remplaçant « tu dois » par « il faut que » et en utilisant le subjonctif présent :**

Quand tu pars en vacances à l'étranger, tu dois *t'acheter* quelques vêtements, *prendre* ton billet d'avion, *réserver* une chambre à l'hôtel, *faire* tes valises et *aller* à l'aéroport.

Quand tu pars en vacances à l'étranger, ***il faut que*** tu t'.......... quelques vêtements,

que tu ....

....

....

❷ **Je transforme les deux phrases en une seule phrase en utilisant « bien que » d'après le modèle :**

Je suis malade. /Je vais travailler. ***Bien que*** je sois malade, je vais travailler

Il pleut. / Je sors quand même. .... ,..............................

Il comprend la leçon. / Il ne sait pas faire l'exercice....................................

.... ,..

Il le voit chaque jour. /Il ne le reconnaît pas.

.... ,............................

Le lièvre court vite. / Il ne peut rattraper la tortue. ....

.... ,..

❸ **Je complète les phrases suivantes avec les verbes entre parenthèses que j'écris au subjonctif présent :**

Pour que tu (être) .... à l'heure, prends ta montre. Afin qu'il (avoir) n'......... pas froid, couvre-le bien. Dis-lui qu'il (prendre) .... son temps et qu'il (conduire) .... doucement. Que faut-il que je (faire) ....pour que tu te (sentir) .... .mieux et que tu (pouvoir) .... profiter pleinement de ton séjour ?

Chap. 15

LE SUBJONCTIF IMPARFAIT

Nous désirions **qu'ils mangeassent** avec nous.

Souhaitiez-vous **que nous cueillissions** des fleurs ?

Il fallut **que je pourvusse** à ses besoins.

Ces verbes sont au **subjonctif imparfait**. Comme le passé antérieur, le subjonctif imparfait n'est plus utilisé de nos jours dans le langage parlé. Le subjonctif imparfait est remplacé par le subjonctif présent :

Nous désirions **qu'ils mangent** avec nous.

Souhaitiez-vous **que nous cueillions** des fleurs ?

Il fallut **que je pourvoie** à ses besoins.

Et en langage courant :

On voulait **qu'ils mangent** avec nous.

Vous vouliez **qu'on cueille** des fleurs ?

Il a fallu **que je pourvoie** à ses besoins.

*Un bref aperçu du **subjonctif imparfait**.... Juste pour voir.*

A. Les verbes du premier groupe (-er)

Exemples avec les verbes :

danser

il a fallu que	Je	dans**asse**
il a fallu que	Tu	dans**asses**
il a fallu qu'	Il	dans**ât**
il a fallu que	Nous	dans**assions**
il a fallu que	Vous	dans**assiez**
il a fallu qu'	Ils	dans**assent**

envoyer

que	J'	envoy**asse**
que	Tu	envoy**asses**
qu'	Il	envoy**ât**
que	Nous	envoy**assions**
que	Vous	envoy**assiez**
qu'	Ils	envoy**assent**

B. Les verbes du deuxième groupe (-ir/-issons)

Exemple avec le verbe **grandir**

que	Je	grand**isse**
que	Tu	grand**isses**
qu'	Il	grand**ît**
que	Nous	grand**issions**
que	Vous	grand**issiez**
qu'	Ils	grand**issent**

Remarque

Avec les verbes du **2e** groupe, les terminaisons du **subjonctif imparfait** sont les mêmes que celles du subjonctif présent, ***sauf*** avec **il** ⇨ il grand**ît**.

C. Les verbes du troisième groupe (-oir ; -re ; -ir + aller)

Exemples avec les verbes :

aller

que	J'	all**asse**
que	Tu	all**asses**
qu'	Il	all**ât**
que	Nous	all**assions**
que	Vous	all**assiez**
qu'	Ils	all**assent**

accourir

que	J'	accour**usse**
que	Tu	accour**usses**
qu'	Il	accour**ût**
que	Nous	accour**ussions**
que	Vous	accour**ussiez**
qu'	Ils	accour**ussent**

voir			venir		
que	Je	visse	*que*	Je	vinsse
que	Tu	visses	*que*	Tu	vinsses
qu'	Il	vît	*qu'*	Il	vînt
que	Nous	vissions	*que*	Nous	vinssions
que	Vous	vissiez	*que*	Vous	vinssiez
qu'	Ils	vissent	*qu'*	Ils	vinssent

D. Les verbes : être et avoir

Le verbe **être** (sage) au subjonctif imparfait				Le verbe **avoir** (froid) au subjonctif imparfait			
que	Je	**fusse**	sage	*que*	J'	**eusse**	froid
que	Tu	**fusses**	sage	*que*	Tu	**eusses**	froid
qu'	Il	**fût**	sage	*qu'*	Il	**eût**	froid
que	Nous	**fussions**	sages	*que*	Nous	**eussions**	froid
que	Vous	**fussiez**	sage(s)	*que*	Vous	**eussiez**	froid
qu'	Ils	**fussent**	sages	*qu'*	Ils	**eussent**	froid

Chap. 16

LE SUBJONCTIF PASSÉ

Comme le subjonctif présent, on utilise le **subjonctif passé** pour exprimer :

– un doute, une crainte :

J'ai peur qu'il n'**ait appris** la nouvelle.

– un désir, une incertitude :

J'aimerais qu'il **soit rentré** avant la nuit.

Le **subjonctif passé** s'emploie après **que** dans les expressions suivantes : *Il faut* ***que****, bien* ***que****,* ***quoique****, jusqu'à ce* ***que****, pour* ***que****, avant* ***que****...*

Il faut que tu **aies dormi** avant de conduire.

*Bien qu'*il **ait été** malade, il a bonne mine.

Quoique tu m'**aies dit**, j'ai préféré partir.

J'ai insisté *jusqu'à ce qu'*il **ait compris**.

A. La formation du subjonctif passé

Pour former le **subjonctif passé** d'un verbe :

– on utilise l'auxiliaire **avoir** ou l'auxiliaire **être** au subjonctif présent

– puis on ajoute le participe passé du verbe que l'on veut conjuguer.

Exemple avec l'auxiliaire **avoir**

Le verbe **finir** :

Il faut que	J'	**aie**	**fini**
	=	avoir au subjonctif présent +	verbe au participe passé

Exemple avec l'auxiliaire **être**

Le verbe **rentrer** :

Il faut que	Je	**sois**	**rentré**(e)
	=	être au subjonctif présent +	verbe au participe passé

* Se reporter au chapitre 5 (pages 78 et 79)

B. Les auxiliaires : être et avoir

Le verbe **être** (sage) au subjonctif passé	Le verbe **avoir** (froid) au subjonctif passé

que	J'	**aie**	**été**	sage	*que*	J'	**aie**	**eu**	froid
que	Tu	**aies**	**été**	sage	*que*	Tu	**aies**	**eu**	froid
qu'	Il	**ait**	**été**	sage	*qu'*	Il	**ait**	**eu**	froid
qu'	Elle	**ait**	**été**	sage	*qu'*	Elle	**ait**	**eu**	froid
que	Nous	**ayons**	**été**	sages	*que*	Nous	**ayons**	**eu**	froid
que	Vous	**ayez**	**été**	sage(s)	*que*	Vous	**ayez**	**eu**	froid
qu'	Ils	**aient**	**été**	sages	*qu'*	Ils	**aient**	**eu**	froid
qu'	Elles	**aient**	**été**	sages	*qu'*	Elles	**aient**	**eu**	froid

Exercices (corrigés page 214)

❶ Je conjugue au **subjonctif passé** les verbes suivants :

Arriver :
Il faut que **je sois arrivé**(e) (avant lui)

que tu ....

....

....

....

....

Perdre :
Il faut que **j'aie perdu** (des kilos avant Noël).

que tu ....

....

....

....

....

Parvenir :
Il faut que...

....

....

....

....

....

Mettre :
Il faut que...

....

....

....

....

....

Être (fidèle)
Il faut que...

....

....

....

....

....

Avoir (le temps de finir)
Il faut que...

....

....

....

....

....

❷ Je transforme le texte suivant en remplaçant « nous devrons » par « il faudra que » et en utilisant le **subjonctif passé** :

Avant de partir en vacances à l'étranger, nous devrons *acheter* quelques vêtements, *prendre* notre billet d'avion, *réserver* une chambre à l'hôtel, *faire* nos valises et *nous reposer* un peu.

Avant de partir en vacances à l'étranger, ***il faudra que*** nous ....

quelques vêtements, ***que*** nous ....

....

....

❸ Je conjugue au subjonctif passé les verbes entre parenthèses :

Il faut qu'elle (finir) .... son travail avant lundi.

Je crains qu'elles ne (arriver) .... trop tard.

Quel dommage que vous ne (venir) .... avec nous !

Il est regrettable que tu (casser) .... cette belle tasse.

Viens, avant que les cyclistes n'(atteindre) .... la ligne d'arrivée.

Nous craignons que ses efforts n' (servir) .... à rien.

Exercices

Chap. 17

LA FORME ACTIVE ET LA FORME PASSIVE

Un verbe peut être conjugué soit à la forme active, soit à la forme passive. Le sens de la phrase reste le même, même si la construction est modifiée et que la fonction des mots change.

A. La forme active

Un verbe est à la **forme active** quand le sujet fait l'action.

Exemple : Le lion mange la gazelle.

« Le lion » **fait l'action** de manger la gazelle. Il est le sujet.

B. La forme passive

Un verbe est à la **forme passive** quand le sujet ne fait pas l'action, mais il la subit.

Exemple : La gazelle est mangée par le lion.

« La gazelle » **ne fait pas l'action** de manger. Elle ***est mangée par*** le lion. « La gazelle » subit l'action « d'être mangée ».

Certaines phrases ne peuvent pas être transformées à la forme passive. C'est le cas notamment d'une phrase construite avec :

- ***un verbe sans COD :***

Exemple : Le chat joue avec la souris.

La forme passive est impossible : ~~*la souris est jouée par le chat.*~~

- ***un verbe conjugué avec un pronom personnel sujet :***

Exemple : Nous avons chanté une chanson.

La forme passive est impossible : ~~**une chanson a été chantée par nous.**~~

- ***le verbe avoir :***

Exemple : Christian et Pascale ont une belle maison.

La forme passive est impossible : ~~*une belle maison est eue par Christian et Pascale.*~~

C. Le temps à la forme passive

Pour transformer une phrase à la forme passive :
On utilise l'auxiliaire **être** *au même temps que celui utilisé à la forme active* et on ajoute le participe passé du verbe conjugué.

Exemples :

1. *Phrase à la forme active :*

   Les petits cochons ***bâtissent*** une maison.
   présent

   ⇨Je transforme la phrase à la forme passive :

   Une maison ***est*** ***bâtie*** par les petits cochons.
   être au présent + p.p. bâtie

2. *Phrase à la forme active :*

   Les petits cochons ***bâtiront*** une maison.
   futur

   ⇨Je transforme la phrase à la forme passive :

   Une maison ***sera*** ***bâtie*** par les petits cochons.
   être au futur + p.p. bâtie

3. *Phrase à la forme active :*

   Les petits cochons ***ont bâti*** une maison.
   passé composé

   ⇨Je transforme la phrase à la forme passive :

   Une maison ***a été*** ***bâtie*** par les petits cochons.
   être au passé composé + p.p. bâtie

Exercices (corrigés page 215)

Rappels

Pour pouvoir transformer une phrase à la forme passive :
1. Je cherche d'abord s'il y a bien un COD.
2. Je vérifie que la phrase ne comporte ni le verbe **avoir**, ni un pronom personnel (je, tu...).

Ensuite, si je peux transformer la phrase :
1. J'utilise l'auxiliaire **être *au même temps*** que celui utilisé dans la phrase à la forme active.
2. Je n'oublie pas d'accorder les participes passés comme il convient.

❶ Je transforme, si c'est possible, les phrases ci-dessous à la **forme passive** d'après le modèle :

L'oiseau construit un nid. / Un nid ***est construit par*** l'oiseau.

Si je ne peux pas transformer la phrase, j'en indique la raison.

Filippo lit la poésie de Jean de la Fontaine. ....

L'écureuil a mangé les noisettes. ....

Nous dégustons de bonnes glaces................................

Les enfants dégusteront de bonnes glaces................................

❷ J'indique si les phrases suivantes sont à **la forme active** ou à la **forme passive** :

une astuce : Si je peux dire « avons été », la phrase est à la forme passive.

Exemple : Nous sommes aimés.

Je peux dire : Nous ***avons été*** aimés. (La phrase est donc à la forme passive).

Nous sommes arrivés tôt ce matin. ....

Nous sommes punis. ....

Nous sommes blessés. ....

Nous sommes descendus à la cave. ....

Nous sommes sortis hier soir. ....

Chap. 18

L'IMPÉRATIF PRÉSENT

On utilise l'**impératif présent** pour exprimer :

– un ordre positif ou négatif :

Viens ici !

Ne monte pas sur la table !

– un conseil :

Écoute ce que je vais te dire.

À l'impératif, le verbe se conjugue **sans sujet** et avec **trois personnes** seulement.

A. Les verbes du premier groupe (-er)

À l'**impératif présent**, les terminaisons des verbes du 1er groupe sont :
-e, -ons, -ez

Exemple avec le verbe **danser**

2e personne du singulier	dans **e**
1re personne du pluriel	dans **ons**
2e personne du pluriel	dans **ez**

Remarque

À l'impératif, la 2e personne du singulier des verbes du 1er groupe s'écrit sans **-s**.

Les verbes dont le radical se modifie :

Ce sont les mêmes verbes que ceux du présent de l'indicatif. Le radical se transforme de la même façon aux mêmes personnes :

*1. Les verbes en [-**cer** comme **percer**] et en [-**ger** comme **manger**]*

perce		mange
per**ç**ons		mang**e**ons
percez		mangez

*2. Les verbes en [-**yer** comme **payer**, **appuyer** et **employer**]*

appu**i**e
appu**y**ons
appu**y**ez

*3. Les verbes en [-**eler** comme **appeler**] et en [-**eter** comme **jeter**]*

appe**ll**e		je**tt**e
appe**l**ons		je**t**ons
appe**l**ez		je**t**ez

Et les exceptions sont aussi les mêmes :

geler		**acheter**
g**è**le		ach**èt**e
g**e**lons		ach**e**tons
g**e**lez		ach**e**tez

*4. Les verbes à radical en [-**e** muet comme **soulever**] et en [-**é** fermé comme **posséder**]*

soul**è**ve		poss**è**de
soul**e**vons		poss**é**dons
soul**e**vez		poss**é**dez

Remarque

Comme au présent de l'indicatif, les deux personnes du pluriel gardent l'orthographe de leur radical *sauf* pour les verbes en -**cer** et -**ger**. (per**ç**ons) (mang**e**ons)

B. Les verbes du deuxième groupe (-ir/-issons)

À l'**impératif présent**, les terminaisons des verbes du 2e groupe sont :
-is, -issons, -issez

Exemple avec le verbe **grandir**

grand **is**
grand **issons**
grand **issez**

➯ À l'impératif, tous les verbes du 2e groupe se conjuguent à partir de leur radical comme **grandir**.

Remarque

Le radical et les terminaisons des verbes du 2e groupe sont semblables au présent de l'indicatif aux trois personnes.

C. Les verbes du troisième groupe (-oir ; -re ; -ir + aller)

À l'**impératif présent**, les terminaisons des verbes du 3e groupe sont : -**s**, -**ons**, -**ez**.

Exemples avec les verbes :

courir	**venir**	**partir**	**mettre**	**prendre**
cour **s**	vien **s**	par **s**	met **s**	prend **s**
cour **ons**	ven **ons**	part **ons**	mett **ons**	pren **ons**
cour **ez**	ven **ez**	part **ez**	mett **ez**	pren **ez**

➯ Les verbes du 3e groupe se conjuguent comme les verbes au présent de l'indicatif. Le radical se transforme de la même façon et les terminaisons sont les mêmes aux mêmes personnes.

D. Les cas particuliers des verbes du 3e groupe

1. *Le verbe* **aller**

va (sans –**s**)
allons
allez

2. *Les verbes comme* **cueillir**

cueill**e** (sans –**s**)
cueillons
cueillez

3. *Le verbe* **savoir**

sache (sans –**s**)
sachons
sachez

↳ Le radical du verbe **savoir** se transforme **à toutes les personnes**.

4. *Le verbe* **vouloir**

veuille
voulons (**voul**- comme à l'infinitif)
veuillez

↳ Le radical du verbe **vouloir** se transforme ***sauf*** à la **1re personne du pluriel**.

5. *Le verbe* **devoir** *s'emploie plutôt à la forme négatif :*

ne **dois** rien
ne devons rien
ne devez rien

6. *Le verbe* **pouvoir** *ne se conjugue pas à l'impératif*

E. La place du pronom

À la forme affirmative, il se place *après* le verbe :

Écoute-*le* !

Donne-*lui* !

Apporte-*le-moi* !

Applaudissez-*les* !

À la forme négative, il se place *avant* le verbe :

Ne *l'*écoute pas !

Ne *lui* donne pas !

Ne *me l'*apporte pas !

Ne *les* applaudissez pas !

Avec *en* et *y*, pour faciliter la prononciation, le verbe **aller** et les verbes terminés par un -**e** prennent un -**s** à la 2e personne du singulier :

Va**s**-y ! ; Cueille**s**-en !

Remarque

À la forme affirmative, il faut mettre un trait d'union entre le verbe et les pronoms *y* et *en*.

F. Les auxiliaires : être et avoir

Le verbe **être** (sage) à l'impératif présent			Le verbe **avoir** (du courage) à l'impératif présent	
sois	sage		**aie**	du courage
soyons	sages		**ayez**	du courage
soyez	sage (s)		**ayons**	du courage

Exercices (corrigés page 215)

Exercices

❶ Je conjugue à l'**impératif présent** les verbes suivants :

Aider, secourir et **soutenir** (les plus défavorisés).

....

....

....

❷ Je conjugue à l'**impératif présent** les verbes suivants :

Ne pas **avoir** (peur) et **être** (tranquille)

....

....

....

❸ Je récris le texte ci-dessous à l'**impératif présent** à la 2e personne du singulier puis à la 2e personne du pluriel :

Dénoyauter les olives. *Peler* et *couper* les tomates. *Faire* revenir les morceaux de poulet dans une poële. Les *retirer* et les *mettre* en attente dans une assiette. *Émincer* les oignons et les *faire* dorer dans la poêle. *Remettre* ensuite le poulet. *Épicer* et *saler*. *Ajouter* les tomates, les olives et les pruneaux. *Laisser* cuire doucement pendant une heure et trente minutes. *Accompagner* ce plat avec du riz. *Servir* bien chaud.

2e personne du singulier :

....

....

....

....

....

....

....

2e personne du pluriel :

....

....

....

....

....

....

....

❹ Je transforme à la **forme négative** les phrases suivantes :

Regarde-les : ....

Accepte-la : ....

Accorde-lui : ....

Donne-le-moi : ....

Offre-le-lui : ....

Chap. 19

L'IMPÉRATIF PASSÉ

On utilise **l'impératif passé** quand on veut que l'ordre donné soit respecté :

Sois parti avant l'arrivée de ton père !

Aie fini ton travail avant de jouer !

L'impératif passé n'est pas très souvent employé. On préfère utiliser le subjonctif passé :

Il faut que **tu sois parti** avant l'arrivée de ton père.

Il faut que **tu aies fini** ton travail avant de jouer.

A. La formation de l'impératif passé

Pour former l'**impératif passé** d'un verbe :
- on utilise l'auxiliaire **avoir** ou l'auxiliaire **être** à l'impératif présent
- on ajoute le participe passé du verbe que l'on veut conjuguer.

Exemple avec l'auxiliaire **avoir**

Le verbe manger :

aie	**mangé**
avoir +	verbe au participe passé

Exemple avec l'auxiliaire **être**

Le verbe rentrer :

sois	**rentré(e)**
être +	verbe au participe passé

* Se reporter au chapitre 5 (pages 78 et 79)

B. Les auxiliaires : être et avoir

Le verbe **être** à l'impératif passé		Le verbe **avoir** à l'impératif passé	
aie	été	aie	eu
ayons	été	ayons	eu
ayez	été	ayez	eu

Remarque

En réalité, les verbes **être** et **avoir** ne sont pas utilisés à l'impératif passé. Usuellement, ce temps est remplacé par le subjonctif passé :
Il faut **que tu aies été** bien sage pour avoir eu une aussi belle récompense !
Il faut **que tu aies eu** très froid pour te couvrir autant !

Exercices

Exercice (corrigés page 215)

❶ Je conjugue à **l'impératif passé** les verbes suivants :

Revenir :

....

....

....

Apprendre :

....

....

....

Chap. 20

LES ACCORDS DANS LA PHRASE

A. Accord du verbe avec son sujet

Rappels **(voir pages 42 et 43)**

– Le verbe s'accorde avec son sujet.
– Pour simplifier l'accord du verbe, on peut remplacer le nom/sujet par le pronom personnel correspondant : il/elle ou ils/elles.

J'applique :

Le roseau pli**e** sous le vent.

– Qui est-ce qui plie ? – c'est le roseau (il)
– C'est la **3e** personne du singulier.
– C'est le présent du verbe **plier** (1er groupe) ⇨Je mets donc un -**e** à pli**e** (pli/**e**).

La petite chèvre désobé**it** à M. Seguin.

– Qui est-ce qui désobéit ? – c'est la petite chèvre (elle)
– C'est la **3e** personne du singulier.
– C'est le présent du verbe **désobéir** (2e groupe) ⇨Je mets donc -**it** à désobé**it** (désobé/**it**).

Demain, les musiciens jouer**ont** *Les Valses* de Chopin.

– Qui est-ce qui joueront ? – ce sont les musiciens (ils)
– C'est la **3e** personne du pluriel
– C'est le futur du verbe **jouer** ⇨ Je mets donc -**ont** à jouer**ont** (jouer/**ont**).

Les poules picor**aient** les grains.

- Qui est-ce qui picoraient ? – ce sont les poules (elles)
- C'est la **3e** personne du pluriel
- C'est l'imparfait du verbe **picorer** ⇨Je mets donc -**aient** à picor**aient** (picor/**aient**).

B. Accord de l'adjectif qualificatif avec le nom ou le pronom

Rappel **(voir page 44)**

L'adjectif qualificatif s'accorde en genre et en nombre avec le nom ou le pronom auquel il se rapporte.

J'applique :

Voici une joli**e** maison.

Comment est la maison ? – elle est jolie.

- J'accorde donc **jolie** avec **maison** qui est au féminin/singulier

Ils sont petit**s**.

- Comment sont-ils ? – ils sont petits.
- J'accorde donc **petits** avec **ils** qui est au masculin/pluriel

C. Accord du participe passé avec l'auxiliaire avoir

Rappel **(voir pages 49 et 50)**

Le participe passé employé avec l'auxiliaire **avoir** s'accorde avec le COD si celui-ci est placé ***avant*** le verbe. En absence de COD, je n'accorde pas le participe passé.

J'applique :

Voici des champignons que j'ai ramass**és** ce matin.

- Champignons est COD. Il est placé ***avant*** le verbe **ai ramassés**.
- J'accorde donc **ramassés** avec **champignons** qui est au masculin/pluriel.

J'ai ramassé des champignons.

- Le COD **champignons** est placé ***après*** le verbe **ai ramassé.**
- Je n'accorde donc pas **ramassé.**

La petite chèvre a désobéi à M. Seguin.

- Dans cette phrase, il n'y a pas de COD.
- Je n'accorde donc pas le participe passé **désobéi**.

D. Accord du participe passé avec l'auxiliaire être

Rappel (voir pages 44 et 48)

• Comme l'adjectif qualificatif, le participe passé employé avec l'auxiliaire **être** s'accorde en genre et en nombre avec le nom ou le pronom auquel il se rapporte. Le nom ou le pronom est alors sujet.

J'applique :

Quand ***la directrice*** est ***arrivée***, ***ils*** étaient déjà ***partis***.
nom/sujet *p.p.* *pronom/sujet* *p.p*

- Le participe passé **arrivée** est employé avec l'auxiliaire **être**.
- J'accorde donc **arrivée** avec le sujet **directrice** qui est au féminin/singulier.
- Le participe passé **partis** est employé avec l'auxiliaire **être**.
- J'accorde donc **partis** avec le sujet **ils** qui est au masculin/pluriel.

E. Accord du participe passé sans auxiliaire

Comme l'adjectif qualificatif, le participe passé employé sans auxiliaire s'accorde en genre et en nombre avec le nom auquel il se rapporte.

J'applique :

Une soupe moulinée ; des tomates pelées

- **moulinée** est un participe passé.
- J'accorde donc **moulinée** avec le nom **soupe** qui est au féminin/singulier.
- **pelées** est un participe passé.
- J'accorde donc **pelées** avec le nom **tomates** qui est au féminin/pluriel.

Exercices (corrigés page 215)

❶ J'accorde correctement les verbes au **temps demandé** :

Le chat (remuer/présent de l'indicatif) .... la queue.

Il (boire/passé composé) .... tout son lait.

D'habitude, Christine (finir/présent) .... son travail à 17 heures.

Mais ce soir elle (finir/passé composé) .... à 18 heures.

La veste qu'il (choisir/passé composé) .... lui va bien.

Matéo, Thomas et Andréa (partir/passé composé) .... en Finlande.

Héloïse et Marjolaine (distribuer/futur simple) .... des cadeaux à Noël.

Autrefois, les hommes (vivre/imparfait) .... dans des cavernes.

Ils ne (connaître/imparfait) .... pas le feu.

❷ J'accorde, comme il convient, les **adjectifs qualificatifs** et les **participes passés** d'après le modèle :

une olive (dénoyauté) dénoyauté**e**

un genou (écorché) ....

une plante (vert) ....

un passant (pressé) ....

une rue (encombré) ....

des portes (fermé) ....

une fenêtre (ouvert) ....

une enveloppe (cacheté) ....

des timbres (collé) ....

une viande et un poisson (grillé) ....

une histoire (fini) ....

❸ J'accorde, si nécessaire, les **adjectifs qualificatifs** utilisés avec ou sans le verbe **être** :

Ma sœur (aîné) ....est plus (grand) .... que moi. Ma tasse (préféré) .... est (ébréché) .... Le citron est (pressé) .... Les (joli) .... fleurs étaient (fané) .... Les (petit) .... oiseaux étaient (blessé) .... Isabelle et Jane sont (joli) .... et (intelligent) .... Ma robe est (déchiré) ...., mon pantalon (taché) .... et mes chaussettes (troué) ....

❹ J'accorde les **participes passés** comme il convient :

La cigale a chant..... tout l'été. Les cadeaux qu'elle a achet..... sont pour Luc. La société qu'il a créé..... marche bien. Les fleurs que nous avons coup..... sont fan..... Le Petit Prince a demand..... qu'on lui dessine un mouton. Victor Hugo a écri..... de très beaux poèmes. Certaines valses que Chopin a compos..... sont connu..... et souvent interprét..... dans des soirées musicales.

❺ J'écris les **verbes** suivants au **temps demandé** d'après le modèle :

Conduire (avec je)
au présent de l'indicatif : **je conduis** ; au passé composé : **j'ai conduit**

Courir : (avec tu)
au passé composé : .... ; au passé simple : ....

Avoir : (avec elle)
au passé composé : .... ; au passé simple : ....

Dire et **faire :** (avec je)
au présent de l'indicatif : .... et ....
au passé composé : .... et ....

Exercices

LES VERBES COURANTS CONJUGUÉS AUX TEMPS LES PLUS UTILISÉS

Passé	Présent	Futur
Hier	*Aujourd'hui*	*Demain*
Passé composé et Imparfait de l'indicatif	Présent de l'indicatif	Futur de l'indicatif

Le passé

Quand on parle au **passé**, on utilise :
le passé composé et l'imparfait

Verbes au passé composé :

hier, la semaine dernière…

être			**avoir**			**aller**		
J'	ai	été	J'	ai	eu	Je	suis	allé(e)
Tu	as	été	Tu	as	eu	Tu	es	allé(e)
Il	a	été	Il	a	eu	Il	est	allé
Nous	avons	été	Nous	avons	eu	Nous	sommes	allé(e)s
Vous	avez	été	Vous	avez	eu	Vous	êtes	allé(e)(s)
Ils	ont	été	Ils	ont	eu	Ils	sont	allés

entrer

Je	suis	entré(e)
Tu	es	entré(e)
Il	est	entré
Nous	sommes	entré(e)s
Vous	êtes	entré(e)(s)
Ils	sont	entrés

arriver

Je	suis	arrivé(e)
Tu	es	arrivé(e)
Il	est	arrivé
Nous	sommes	arrivé(e)s
Vous	êtes	arrivé(e)(s)
Ils	sont	arrivés

devoir

J'	ai	dû
Tu	as	dû
Il	a	dû
Nous	avons	dû
Vous	avez	dû
Ils	ont	dû

parler

J'	ai	parlé
Tu	as	parlé
Il	a	parlé
Nous	avons	parlé
Vous	avez	parlé
Ils	ont	parlé

écouter

J'	ai	écouté
Tu	as	écouté
Il	a	écouté
Nous	avons	écouté
Vous	avez	écouté
Ils	ont	écouté

manger

J'	ai	mangé
Tu	as	mangé
Il	a	mangé
Nous	avons	mangé
Vous	avez	mangé
Ils	ont	mangé

venir

Je	suis	venu(e)
Tu	es	venu(e)
Il	est	venu
Nous	sommes	venu(e)s
Vous	êtes	venu(e)(s)
Ils	sont	venus

sortir

Je	suis	sorti(e)
Tu	es	sorti(e)
Il	est	sorti
Nous	sommes	sorti(e)s
Vous	êtes	sorti(e)(s)
Ils	sont	sortis

voir

J'	ai	vu
Tu	as	vu
Il	a	vu
Nous	avons	vu
Vous	avez	vu
Ils	ont	vu

prendre

J'	ai	pris
Tu	as	pris
Il	a	pris
Nous	avons	pris
Vous	avez	pris
Ils	ont	pris

mettre

J'	ai	mis
Tu	as	mis
Il	a	mis
Nous	avons	mis
Vous	avez	mis
Ils	ont	mis

dire

J'	ai	dit
Tu	as	dit
Il	a	dit
Nous	avons	dit
Vous	avez	dit
Ils	ont	dit

boire

J'	ai	bu
Tu	as	bu
Il	a	bu
Nous	avons	bu
Vous	avez	bu
Ils	ont	bu

partir

Je	suis	parti(e)
Tu	es	parti(e)
Il	est	parti
Nous	sommes	parti(e)s
Vous	êtes	parti(e)(s)
Ils	sont	partis

faire

J'	ai	fait
Tu	as	fait
Il	a	fait
Nous	avons	fait
Vous	avez	fait
Ils	ont	fait

Verbes à l'imparfait :

autrefois, jadis...

être

J'	étais
Tu	étais
Il	était
Nous	étions
Vous	étiez
Ils	étaient

avoir

J'	avais
Tu	avais
Il	avait
Nous	avions
Vous	aviez
Ils	avaient

aller

J'	allais
Tu	allais
Il	allait
Nous	allions
Vous	alliez
Ils	allaient

entrer

J'	entrais
Tu	entrais
Il	entrait
Nous	entrions
Vous	entriez
Ils	entraient

arriver

J'	arrivais
Tu	arrivais
Il	arrivait
Nous	arrivions
Vous	arriviez
Ils	arrivaient

devoir

Je	devais
Tu	devais
Il	devait
Nous	devions
Vous	deviez
Ils	devaient

parler

Je	parlais
Tu	parlais
Il	parlait
Nous	parlions
Vous	parliez
Ils	parlaient

écouter

J'	écoutais
Tu	écoutais
Il	écoutait
Nous	écoutions
Vous	écoutiez
Ils	écoutaient

manger

Je	mangeais
Tu	mangeais
Il	mangeait
Nous	mangions
Vous	mangiez
Ils	mangeaient

venir

Je	venais
Tu	venais
Il	venait
Nous	venions
Vous	veniez
Ils	venaient

sortir

Je	sortais
Tu	sortais
Il	sortait
Nous	sortions
Vous	sortiez
Ils	sortaient

voir

Je	voyais
Tu	voyais
Il	voyait
Nous	voyions
Vous	voyiez
Ils	voyaient

prendre

Je	prenais
Tu	prenais
Il	prenait
Nous	prenions
Vous	preniez
Ils	prenaient

mettre

Je	mettais
Tu	mettais
Il	mettait
Nous	mettions
Vous	mettiez
Ils	mettaient

dire

Je	disais
Tu	disais
Il	disait
Nous	disions
Vous	disiez
Ils	disaient

boire

Je	buvais
Tu	buvais
Il	buvait
Nous	buvions
Vous	buviez
Ils	buvaient

partir

Je	partais
Tu	partais
Il	partait
Nous	partions
Vous	partiez
Ils	partaient

faire

Je	faisais
Tu	faisais
Il	faisait
Nous	faisions
Vous	faisiez
Ils	faisaient

Le présent

Quand on parle au **présent**, on utilise :
le présent de l'indicatif

Verbes au présent de l'indicatif :

Aujourd'hui, maintenant…

être

Je	suis
Tu	es
Il	est
Nous	sommes
Vous	êtes
Ils	sont

avoir

J'	ai
Tu	as
Il	a
Nous	avons
Vous	avez
Ils	ont

aller

Je	vais
Tu	vas
Il	va
Nous	allons
Vous	allez
Ils	vont

entrer

J'	entre
Tu	entres
Il	entre
Nous	entrons
Vous	entrez
Ils	entrent

arriver

J'	arrive
Tu	arrives
Il	arrive
Nous	arrivons
Vous	arrivez
Ils	arrivent

devoir

Je	dois
Tu	dois
Il	doit
Nous	devons
Vous	devez
Ils	doivent

parler

Je	parle
Tu	parles
Il	parle
Nous	parlons
Vous	parlez
Ils	parlent

écouter

J'	écoute
Tu	écoutes
Il	écoute
Nous	écoutons
Vous	écoutez
Ils	écoutent

manger

Je	mange
Tu	manges
Il	mange
Nous	mangeons
Vous	mangez
Ils	mangent

venir

Je	viens
Tu	viens
Il	vient
Nous	venons
Vous	venez
Ils	viennent

sortir

Je	sors
Tu	sors
Il	sort
Nous	sortons
Vous	sortez
Ils	sortent

voir

Je	vois
Tu	vois
Il	voit
Nous	voyons
Vous	voyez
Ils	voient

prendre

Je	prends
Tu	prends
Il	prend
Nous	prenons
Vous	prenez
Ils	prennent

mettre

Je	mets
Tu	mets
Il	met
Nous	mettons
Vous	mettez
Ils	mettent

dire

Je	dis
Tu	dis
Il	dit
Nous	disons
Vous	dites
Ils	disent

boire

Je	bois
Tu	bois
Il	boit
Nous	buvons
Vous	buvez
Ils	boivent

partir			**faire**	
Je	pars		Je	fais
Tu	pars		Tu	fais
Il	part		Il	fait
Nous	partons		Nous	faisons
Vous	partez		Vous	faites
Ils	partent		Ils	font

Le futur

Quand on parle au **futur**, on utilise :
le futur simple

Verbes au futur simple :
demain, plus tard, l'an prochain...

être		**avoir**		**aller**		**entrer**	
Je	serai	J'	aurai	J'	irai	J'	entrerai
Tu	seras	Tu	auras	Tu	iras	Tu	entreras
Il	sera	Il	aura	Il	ira	Il	entrera
Nous	serons	Nous	aurons	Nous	irons	Nous	entrerons
Vous	serez	Vous	aurez	Vous	irez	Vous	entrerez
Ils	seront	Ils	auront	Ils	iront	Ils	entreront

arriver		**devoir**		**parler**		**écouter**	
J'	arriverai	Je	devrai	Je	parlerai	J'	écouterai
Tu	arriveras	Tu	devras	Tu	parleras	Tu	écouteras
Il	arrivera	Il	devra	Il	parlera	Il	écoutera
Nous	arriverons	Nous	devrons	Nous	parlerons	Nous	écouterons
Vous	arriverez	Vous	devrez	Vous	parlerez	Vous	écouterez
Ils	arriveront	Ils	devront	Ils	parleront	Ils	écouteront

manger		**venir**		**sortir**		**voir**	
Je	mangerai	Je	viendrai	Je	sortirai	Je	verrai
Tu	mangeras	Tu	viendras	Tu	sortiras	Tu	verras
Il	mangera	Il	viendra	Il	sortira	Il	verra
Nous	mangerons	Nous	viendrons	Nous	sortirons	Nous	verrons
Vous	mangerez	Vous	viendrez	Vous	sortirez	Vous	verrez
Ils	mangeront	Ils	viendront	Ils	sortiront	Ils	verront

prendre		**mettre**		**dire**		**boire**	
Je	prendrai	Je	mettrai	Je	dirai	Je	boirai
Tu	prendras	Tu	mettras	Tu	diras	Tu	boiras
Il	prendra	Il	mettra	Il	dira	Il	boira
Nous	prendrons	Nous	mettrons	Nous	dirons	Nous	boirons
Vous	prendrez	Vous	mettrez	Vous	direz	Vous	boirez
Ils	prendront	Ils	mettront	Ils	diront	Ils	boiront

partir		**faire**	
Je	partirai	Je	ferai
Tu	partiras	Tu	feras
Il	partira	Il	fera
Nous	partirons	Nous	ferons
Vous	partirez	Vous	ferez
Ils	partiront	Ils	feront

Remarque

On utilise aussi très souvent ***le futur proche*** :
Je ***vais*** **partir** à la campagne ce week-end.
Je ***pense*** **venir** te voir la semaine prochaine.
Je ***dois*** l'**appeler** ce soir.

CORRIGÉS DES EXERCICES

Page 9

1. 1er gr. ; 2e gr. ; 3e gr. ; 3e gr. ; 2e gr. ; 3e gr. ; 1er gr. ; 2e gr.
2. mang/er ; chois/ir ; jet/er ; répar/er ; remu/er ; sais/ir ; appel/er ; apercev/oir ; apprend/ re ; cré/er
3. temps simples : je mange ; tu mangeais ; il mangera ; qu'ils viennent ; vous partiez ; nous comprendrions

   temps composés : vous étiez partis ; nous aurions compris ; j'ai mangé ; tu avais mangé ; il aura mangé ; qu'ils soient venus
4. participe présent : parlant ; réunissant ; mettant

   gérondif : en parlant ; en réunissant ; en mettant

Page 12

1. je tombe ; tu tombes ; il tombe ; nous tombons ; vous tombez ; ils tombent
2. je : 1re pers. du sing. ; nous : 2e pers. du plur. ; il : 3e pers. du sing. ; ils : 3e pers. du plur.
3. vous ; tu ; nous ; (je ; il ; elle ; on)
4. tu écoutes ; ils écoutent ; tu travailles ; ils travaillent ; tu gagnes ; ils gagnent

Page 14

1. je place ; tu places ; il place ; nous plaçons ; vous placez ; ils placent

   je range ; tu ranges ; il range ; nous rangeons ; vous rangez ; ils rangent

   je nettoie ; tu nettoies ; il nettoie ; nous nettoyons ; vous nettoyez ; ils nettoient
2. lancer ; nager ; tournoyer ; essuyer ; balayer

Page 17

1. je renouvelle ; tu renouvelles ; il renouvelle ; nous renouvelons ; vous renouvelez ; ils renouvellent

   je pèle ; tu pèles ; il pèle ; nous pelons ; vous pelez ; ils pèlent

   je projette ; tu projettes ; il projette ; nous projetons ; vous projetez ; ils projettent

   je crochète ; tu crochètes ; il crochète ; nous crochetons ; vous crochetez ; ils crochètent

   je mène ; tu mènes ; il mène ; nous menons ; vous menez ; ils mènent je procède ; tu procèdes ; il procède ; nous procédons ; vous procédez ; ils procèdent

2. tu épelles ⇨ tu pèles ; ils s'inquiètent ⇨ nous complétons ; je sème ⇨nous célébrons

Page 19

1. je remédie ; tu remédies ; il remédie ; nous remédions ; vous remédiez ; ils remédient

   je distribue ; tu distribues ; il distribue ; nous distribuons ; vous distribuez ; ils distribuent

   je secoue ; tu secoues ; il secoue ; nous secouons ; vous secouez ; ils secouent

   je distingue ; tu distingues ; il distingue ; nous distinguons ; vous distinguez ; ils distinguent
2. on navigue ; on essuie ; on déplie ; on achète ; on remarque

Page 21

1. je frémis ; tu frémis ; il frémit ; nous frémissons ; vous frémissez ; ils frémissent

   j'applaudis ; tu applaudis ; il applaudit ; nous applaudissons ; vous applaudissez ; ils applaudissent
2. Alix remplit ; les fleurs se flétrissent ; les feuilles jaunissent ; le temps se rafraîchit ; le muguet fleurit ; nous gravissons ; vous rougissez

Page 24

1. je parcours ; tu parcours ; il parcourt ; nous parcourons ; vous parcourez ; ils parcourent

   j'offre ; tu offres ; il offre ; nous offrons ; vous offrez ; ils offrent

   je peux ; tu peux ; il peut ; nous pouvons ; vous pouvez ; ils peuvent

   je tiens ; tu tiens ; il tient ; nous tenons ; vous tenez ; ils tiennent

   je vais ; tu vas ; il va ; nous allons ; vous allez ; ils vont

Page 27

1. je satisfais ; tu satisfais ; il satisfait ; nous satisfaisons ; vous satisfaites ; ils satisfont

   j'inscris ; tu inscris ; il inscrit ; nous inscrivons ; vous inscrivez ; ils inscrivent
2. j'exclus ; il exclut ; nous excluons ; j'aperçois ; il aperçoit ; nous apercevons ; j'interromps ; il interrompt ; nous interrompons

Page 29

1. je combats ; tu combats ; il combat ; nous combattons ; vous combattez ; ils combattent

   je sens ; tu sens ; il sent ; nous sentons ; vous sentez ; ils sentent

2. je remets ; je sors ; ils revêtent ; ils disparaissent ; il détient ; il paraît ; tu admets ; tu apparais ; nous abattons ; nous naissons ; vous consentez ; vous connaissez

Page 32

1. je suspends ; tu suspends ; il suspend ; nous suspendons ; vous suspendez ; ils suspendent

   je surprends ; tu surprends ; il surprend ; nous surprenons ; vous surprenez ; ils surprennent

   je corresponds ; tu corresponds ; il correspond ; nous correspondons ; vous correspondez ; ils correspondent

   je rejoins ; tu rejoins ; il rejoint ; nous rejoignons ; vous rejoignez ; ils rejoignent
2. je refais ; je souris ; je perçois ; j'interdis ; il introduit ; il inclut ; il rejoint ; il dissout
3. nous entendons ⇨ nous reprenons ; vous apprenez ⇨ vous répandez

Page 34

1. nous voyons ; les randonneurs suivent ; je vis ; Alessandro retient ; tu conduis ; Dalila lit ;
2. nous concevons ⇨ nous prévoyons ; ils croient ⇨ ils voient ; nous faisons ⇨ vous faites ; nous disons ⇨ vous dites ; ils boivent ⇨ ils s'assoient

Page 37

1. je suis jeune ; tu es jeune ; il est jeune ; nous sommes jeunes ; vous êtes jeune(s) ; ils sont jeunes

   j'ai soif ; tu as soif ; il a soif ; nous avons soif ; vous avez soif ; ils ont soif
2. vous êtes ; nous avons ; il a ; elles sont ; tu as ; j'ai ; il est ; je suis ; ils ont

Page 40

1. on ; son ; sont ; ont ; on ; son ; sont
2. est ; et ; et ; est-ce ; est-elle ; s'est ; et ; et ; est ; et ; est
3. il a ; Nicolas a ; à la ; a acheté ; à repasser ; Patricia a ; à café ; à Rachid ; a-t-il
4. il distribue ⇨ il inclut ; je lie ⇨ je lis ; il expédie ⇨ il dit ; elle secoue ⇨ elle moud ; il emploie ⇨ il aperçoit ; tu appuies ⇨ tu finis ; je nettoie ⇨ je dois ; il balaie ⇨ il distrait ; tu continues ⇨ tu conclus ; elle loue ⇨ elle résout

Page 45

1. Les écoliers (sujet) crient (verbe) Le vent (sujet) souffle (verbe) Nous (sujet) aimons (verbe) Tu (sujet) secoues (verbe) Le jardinier (sujet) plante (verbe) Nathalie (sujet)

et Valérie (sujet) récoltent (verbe) L'écureuil (sujet) grimpe (verbe) et grignote (verbe) Dans le ciel, se dessinent (verbe) des nuages (sujet).

2. Mes parents (ils) souhaitent aller au théâtre. Les fleurs (elles) embaument la pièce. Le chat (il) s'amuse avec sa balle. Caroline (elle) semble bien jouer. La poule et le coq (ils) se dandinent fièrement.
3. Tu lui parles souvent. Il nous écoute. Il les cherche. Il les distribue chaque matin. Elle les aime beaucoup. Je les leur donne chaque jour.
4. Ces pierres précieuses sont rares. Hier, j'ai vu des étoiles filantes. J'ai renversé de l'encre noire sur ma veste bleue. Ils sont étonnés et ravis d'avoir gagné.

Page 51

1. j'ai parlé ; tu as parlé ; il a parlé ; nous avons parlé ; vous avez parlé ; ils ont parlé

   je suis arrivé ; tu es arrivé ; il est arrivé ; nous sommes arrivés ; vous êtes arrivé(s) ; ils sont arrivés.
2. nous sommes montés ; mes parents sont revenus ; je suis tombé ; nous avons félicité ; tu as trouvé ; tu es arrivé ; elle a reçu ; ils ont récompensé ; Jane est restée ; où avez-vous garé votre voiture ? Léonardo est descendu de sa chaise.
3. nos amis sont arrivés ; tu es venue (tu = Colette) ; les oiseaux sont sortis ; Adeline est retournée ; nous sommes partis ; Marcel est né
4. les trois petits cochons ont construit ; la maison que les trois petits cochons ont construite ; hier, on a vu ; elle nous a remerciés (accord avec le cod ***nous***) ; Marie-Laure a parlé ; elle les a embrassés (accord avec le cod ***les***) ; les notes que nous avons obtenues (accord avec le cod ***notes***) nous ont rassurés (accord avec le cod ***nous***)

Page 57

1. j'ai applaudi ; tu as applaudi ; il a applaudi ; nous avons applaudi ; vous avez applaudi ; ils ont applaudi

   j'ai remis ; tu as remis ; il a remis ; nous avons remis ; vous avez remis ; ils ont remis

   je suis parti ; tu es parti ; il est parti ; nous sommes partis ; vous êtes parti(s) ; ils sont partis

   je suis venue ; tu es venue ; elle est venue ; nous sommes venues ; vous êtes venue(s) ; elles sont venues

   j'ai rejoint ; tu as rejoint ; il a rejoint ; nous avons rejoint ; vous avez rejoint ; ils ont rejoint

   j'ai fait ; tu as fait ; il a fait ; nous avons fait ; vous avez fait ; ils ont fait
2. nous sommes arrivés (accord avec le sujet ***nous***) ; le vent a soufflé (pas de cod, pas d'accord) ; la robe que tu as achetée (accord avec le cod ***robe***) ; Louisette et Mélissa ont fait leurs bagages (cod placé après le verbe, pas d'accord) ;

elles sont parties (accord avec le sujet ***elles***) ; nous les avons accompagnées (accord avec le cod ***les***)

Page 59

1. j'ai été agréable ; tu as été agréable ; il a été agréable ; on a été agréable(s) ; nous avons été agréables ; vous avez été agréable(s) ; ils ont été agréables

   J'ai eu peur ; tu as eu peur ; il a eu peur ; nous avons eu peur ; vous avez eu peur ; ils ont eu peur
2. essuyé ; né ; ri ; fui ; compris ; acquis ; assis ; déçu ; dû ; cru ;
3. tu es sorti(e) ; nous sommes sorti(e)s ; tu as sorti la voiture ; nous avons sorti la voiture (il y a un cod : ***voiture***) ; tu es monté(e) ; nous sommes monté(e)s ; tu as monté les œufs en neige ; nous avons monté les œufs en neige (il y a un cod : ***œufs***)
4. On est content quand on a réussi. (en général). On est contents, Sébastien, Delphine et moi, on a réussi ! (ils parlent d'eux-mêmes)

Page 63

1. je renouvelais ; tu renouvelais ; il renouvelait ; nous renouvelions ; vous renouveliez ; ils renouvelaient

   je pelais ; tu pelais ; il pelait ; nous pelions, vous peliez ; ils pelaient

   j'achetais ; nous achetions ; tu relevais ; vous releviez ; il espérait ; ils espéraient

Page 66

1. je traçais ; tu traçais ; il traçait ; nous tracions ; vous traciez ; ils traçaient

   Je nageais ; tu nageais ; il nageait ; nous nagions ; vous nagiez ; ils nageaient

   je conseillais ; tu conseillais ; il conseillait ; nous regagnions ; vous regagniez ; ils regagnaient
2. Attila ravageait ; il passait ; l'herbe ne repoussait plus ; le menuisier fabriquait ; on achetait tout
3. je nettoyais ; tu nettoyais ; il nettoyait ; nous nettoyions ; vous nettoyiez ; ils nettoyaient

   j'oubliais ; tu oubliais ; il oubliait ; nous oubliions ; vous oubliiez ; ils oubliaient
4. nous nous réveillions ; maman nous accompagnait ; nous travaillions ; elle nous récompensait ; nous continuions ; nous obtenions

Page 67

1. je saisissais ; tu saisissais ; il saisissait ; nous saisissions ; vous saisissiez ; ils saisissaient ;

   j'accomplissais ; tu accomplissais ; il accomplissait ; nous accomplissions ; vous accomplissiez ; ils accomplissaient

2. les hommes se nourrissaient ; les Gaulois bâtissaient ; les nuages noircissaient et assombrissaient ; nous nous réjouissions ; nous réussissions

Page 70

1. je dormais ; tu dormais ; nous découvrions ; vous découvriez ; il voulait ; ils voulaient

   je battais ; il battait ; nous battions
2. je riais ; tu riais ; il riait ; nous riions ; vous riiez ; ils riaient
3. ces plantes devenaient ; nous accueillions ; ce bibelot ne valait rien ; je tressaillais

Page 73

1. je paraissais ; tu paraissais ; il paraissait ; nous paraissions ; vous paraissiez ; ils paraissaient

   j'entreprenais ; tu entreprenais ; il entreprenait ; nous entreprenions ; vous entrepreniez ; ils entreprenaient

   je lisais ; tu lisais ; il lisait ; nous lisions ; vous lisiez ; ils lisaient

   j'éteignais ; tu éteignais ; il éteignait ; nous éteignions ; vous éteigniez ; ils éteignaient

   j'instruisais ; tu instruisais ; il instruisait ; nous instruisions ; vous instruisiez ; ils instruisaient
2. j'apprenais ; on m'enseignait ; je lisais et j'écrivais ; j'obéissais ; la maîtresse me punissait ; je sentais qu'elle m'appréciait

Page 75

1. je fuyais ; tu fuyais ; il fuyait ; nous fuyions ; vous fuyiez ; ils fuyaient

   je satisfaisais ; tu satisfaisais ; il satisfaisait ; nous satisfaisions ; vous satisfaisiez ; ils satisfaisaient

   je plaignais ; tu plaignais ; il plaignait ; nous plaignions ; vous plaigniez ; ils plaignaient

   j'apercevais ; tu apercevais ; il apercevait ; nous apercevions ; vous aperceviez ; ils apercevaient

Page 76

1. j'étais ravie ; tu étais ravie ; elle était ravie ; nous étions ravies ; vous étiez ravie(s) ; elles étaient ravies

   J'avais faim ; tu avais faim ; il avait faim ; nous avions faim ; vous aviez faim ; ils avaient faim
2. elle était malade et seule ; les routes sont glissantes et les chemins verglacés ; la chasse est interdite ; les enfants étaient affolés ; ces pommes sont pourries

Page 80

1. j'avais offert ; nous avions offert ; j'avais vu ; nous avions vu ; tu étais venu(e) ; vous étiez venu(e)(s) ; tu avais pris ; vous aviez pris ; il avait réfléchi ; ils avaient réfléchi ; il avait envoyé ; ils avaient envoyé ; il avait acquis ; ils avaient acquis
2. j'avais été jeune ; tu avais été jeune ; il avait été jeune ; nous avions été jeunes ; vous aviez été jeune(s) ; ils avaient été jeunes
3. j'avais eu chaud ; tu avais eu chaud ; il avait eu chaud ; nous avions eu chaud ; vous aviez eu chaud ; ils avaient eu chaud
4. Les Grégoire s'étaient levés à huit heures. Ils ne bougeaient guère ; la tempête les avait énervés ; son mari était allé voir ; le vent n'avait pas fait ; Mme Grégoire venait de descendre

Page 83

1. Non, il ne mange pas beaucoup ; non, je ne vois plus Aline ; non, je ne veux rien ; non, je ne vais jamais dans le parc.
2. Est-ce qu'il a vu le film ? A-t-il vu le film ? Est-ce qu'il vous arrive de le voir ? Vous arrive-t-il de le voir ? Est-ce que nous sommes en retard ? Sommes-nous en retard ? Est-ce que vous venez avec nous ? Venez-vous avec nous ? Est-ce qu'il y a du beurre dans les épinards ? Y a-t-il du beurre dans les épinards ?
3. Pourquoi viens-tu si tard ? Quand penses-tu arriver ? Où as-tu mis mon sac ? Comment t'appelles-tu ? Qui es-tu ? Que fais-tu ?

Page 88

1. Je vais faire un gâteau. Nous allons faire un gâteau.
2. je remercierai ; tu remercieras ; il remerciera ; nous remercierons ; vous remercierez ; ils remercieront
3. je renverrai ; nous renverrons ; je nettoierai ; nous nettoierons ; tu achèteras ; vous achèterez ; tu créeras ; vous créerez ; il rappellera ; ils rappelleront ; il pèlera ; ils pèleront

Page 89

1. je resplendirai ; nous resplendirons ; tu établiras ; vous établirez ; il réussira, il appréciera et il se réjouira ; ils réussiront, ils apprécieront et ils se réjouiront
2. le médecin guérira ; ces grosses pierres alourdiront ; le boulanger fournira ; tu étudieras ; Rachid lira... et recopiera

Page 92

1. je servirai ; tu serviras ; il servira ; nous servirons ; vous servirez ; ils serviront
2. je recouvrirai ; nous recouvrirons ; je recueillerai ; nous recueillerons ; tu pourras ; vous pourrez ; tu voudras ; vous voudrez ; tu iras ; vous irez ; il vaudra ; ils vaudront ; il souffrira ; ils souffriront

Page 95

1. je secourrai ; nous secourrons ; je saurai ; nous saurons ; j'apercevrai ; nous apercevrons ; tu prévoiras ; vous prévoirez ; tu reverras ; vous reverrez ; tu maintiendras ; vous maintiendrez
2. on enverra ⇨on emploiera ; on pourra ⇨ on pourvoira ; on courra ⇨ on dira

Page 98

1. je peindrai ; tu peindras ; il peindra ; je vaincrai ; tu vaincras ; il vaincra ; je paraîtrai ; tu paraîtras ; il paraîtra ; nous boirons, vous boirez ; ils boiront ; nous satisferons ; vous satisferez ; ils satisferont ; nous concevrons ; vous concevrez ; ils concevront

Page 99

1. tu seras grand, tu auras une voiture et tu la conduiras ; il sera grand, il aura une voiture et il la conduira ; nous serons grands, nous aurons une voiture et nous la conduirons ; vous serez grand(s), vous aurez une voiture et vous la conduirez ; ils seront grands, ils auront une voiture et ils la conduiront
2. il durera ⇨il perdra ; il préférera ⇨il courra ; il montera ⇨il mettra ; il cédera ⇨il descendra ; il demandera ⇨il répandra ; il liera ⇨il lira ; il secouera ⇨il secourra
3. tu construiras ; il construira ; tu soustrairas ; il soustraira ; tu moudras ; il moudra ; tu interrompras ; il interrompra
4. je partirai ; j'irai ; j'irai ; je marcherai ; le jour (=il) pour moi sera ; je ne regarderai ; j'arriverai ; je mettrai

Page 104

1. j'aurai mangé ; nous aurons mangé ; tu seras resté(e) ; vous serez resté(e)(s) ; il sera venu ; ils seront venus
2. il aura éteint ; j'aurai revu ; ils auront fini ; nous aurons eu

Page 107

1. Je vais aller me coucher. Hier, je suis allé au théâtre voir jouer une pièce de Molière. Nous avons tous aimé le jeu des acteurs. Il semble bien occupé en ce moment. Il semble bien s'occuper de sa sœur. J'ai cassé mon fer à repasser. Je commence à aimer le fromage. Il ne peut pas aller chez toi sans passer par ce chemin.
2. Vous jouez très bien du piano. Je viens vous remercier de votre courrier. Pouvez-vous m'envoyer une documentation et me renseigner sur vos tarifs. Je vous serais reconnaissant de bien vouloir m'expédier aussi une brochure sur vos dernières nouveautés. Vous avez dû recevoir le catalogue du printemps. Je ne viendrai pas vous voir sans vous appeler auparavant. Nous sommes venus pour vous aider. Vous nous aidez beaucoup.

Page 112

1. je remercierais ; tu remercierais ; il remercierait ; nous remercierions ; vous remercieriez ; ils remercieraient
2. je renverrais ; nous renverrions ; je nettoierais ; nous nettoierions ; tu achèterais ; vous achèteriez ; tu créerais ; vous créeriez ; il rappellerait ; ils rappelleraient ; il pèlerait ; ils pèleraient

Page 113

1. je resplendirais ; nous resplendirions ; tu établirais ; vous établiriez ; il réussirait, apprécierait et se réjouirait ; ils réussiraient, apprécieraient et se réjouiraient
2. nous allons manger (FP) ; s'installait (I) ; fournirait (C) ; aiderait (C) ; chantera (FS) ; j'étais (I) ; voyagerais (C) ; rapporterais (C) ; viendras-tu (FS) pourriez-vous (C) vont se marier (FP)

Page 116

1. je servirais ; tu servirais ; il servirait ; nous servirions ; vous serviriez ; ils serviraient
2. je recouvrirais ; nous recouvririons ; je recueillerais ; nous recueillerions ; tu pourrais ; vous pourriez ; tu voudrais ; vous voudriez ; il irait ; ils iraient

Page 119

1. je secourrais ; nous secourrions ; je saurais ; nous saurions ; je conquerrais ; nous conquerrions ; tu apercevrais ; vous apercevriez ; tu prévoirais ; vous prévoiriez ; tu reverrais ; vous reverriez ; il mourrait ; ils mourraient ; il maintiendrait ; ils maintiendraient

Page 122

1. je peindrais ; tu peindrais ; il peindrait ; je vaincrais ; tu vaincrais ; il vaincrait ; je paraîtrais ; tu paraîtrais ; il paraîtrait ; nous boirions ; vous boiriez ; ils boiraient ; nous satisferions ; vous satisferiez ; ils satisferaient ; nous prendrions ; vous prendriez ; ils prendraient
2. nous résoudrions ; je voudrais ; saurais-tu m'aider ?

Page 124

1. tu aurais une voiture et tu la conduirais ; il aurait une voiture et il la conduirait ; nous aurions une voiture et nous la conduirions ; vous auriez une voiture et vous la conduiriez ; ils auraient une voiture et ils la conduiraient
2. il durerait ⇨ il perdrait ; il préférerait ⇨ il courrait ; il monterait ⇨ il mettrait ; il céderait ⇨ il descendrait ; il demanderait ⇨ il répandrait ; il lierait ⇨ il lirait ; il secouerait ⇨ il secourrait

Corrigés

Page 126

1. j'aurais offert ; nous aurions offert ; ils auraient offert ; j'aurais cueilli ; nous aurions cueilli ; ils auraient cueilli ; tu aurais pu ; il aurait pu ; vous auriez pu ; tu aurais reçu ; il aurait reçu ; vous auriez reçu ; tu serais allé(e) ; il serait allé ; vous seriez allé (e)(s)
2. tu l'aurais aimée et tu aurais été content(e) ; il l'aurait aimée et il aurait été content ; nous l'aurions aimée et nous aurions été content(e)s ; vous l'auriez aimée et vous auriez été content(e)(s) ; ils l'auraient aimée et ils auraient été contents
3. je t'aurais aidé(e) ; vous lui auriez offert des fleurs ; nous les aurions invité(e)s à dîner

Page 132

1. je me plains ; tu te plains ; il se plaint ; nous nous plaignons ; vous vous plaignez ; ils se plaignent

   je m'enfuis ; tu t'enfuis ; il s'enfuit ; nous nous enfuyons ; vous vous enfuyez ; ils s'enfuient
2. je me suis plaint ; tu t'es plaint ; il s'est plaint ; nous nous sommes plaints ; vous vous êtes plaint(s) ils se sont plaints

Je me suis enfuie ; tu t'es enfuie ; elle s'est enfuie ; nous nous sommes enfuies ; vous vous êtes enfuie(s) ; elles se sont enfuies

3. Elle s'est lavée. Elle s'est lavé la tête. Elles se sont embrassées. Ils se sont ennuyés. Elle s'est coupée. Elle s'est coupé les ongles. Les cheveux qu'il s'est coupés étaient trop longs. La jambe qu'il s'est cassée s'est bien calcifiée.

Page 134

1. ce joli vase ; Valentine se balance ; le soleil se couche ; ce genre de vêtement ne se porte plus
2. mon chien ; Valentin et Bastien m'ont offert ; les enfants m'ont appris ; ils m'ont appelé ; mon stylo ; Jonathan et Victoria m'ont invité
3. mes chaussures ; il m'est arrivé ; mes parents ; mes voisins ; il m'est difficile ; ma montre m'est indispensable
4. c'est son anniversaire. Le repas s'est bien déroulé. On s'est bien amusés. C'est déjà la fin des vacances ! ; c'est toi ; Marjolaine s'est écorché le genou ; Dan s'est marié ; c'est la guitare de Gildas ; c'est Aurélien qui chantera demain.
5. c'était l'anniversaire ; c'était bien ; Mélanie s'était déguisée ; Si c'était lui ; il s'était couché tôt

Page 137

1. j'employai ; nous employâmes ; j'achetai ; nous achetâmes ; tu congelas ; vous congelâtes ; tu rappelas ; vous rappelâtes ; il mena ; ils menèrent ; il préféra ; ils préférèrent ; il alla ; ils allèrent

Page 141

1. j'embellis ; tu embellis ; il embellit ; nous embellîmes ; vous embellîtes ; ils embellirent
2. je sortis ; nous sortîmes ; ils sortirent ; j'offris ; nous offrîmes ; ils offrirent ; je rendis ; nous rendîmes ; ils rendirent ; tu combattis ; il combattit ; vous combattîtes ; tu inclus ; il inclut ; vous inclûtes ; tu parcourus ; il parcourut ; vous parcourûtes

Page 144

1. je revis ; nous revîmes ; j'appris ; nous apprîmes ; tu permis ; vous permîtes ; tu abattis ; vous abattîtes ; il inscrivit ; ils inscrivirent ; il joignit ; ils joignirent
2. je m'ennuyai ; tu t'assis ; il accourut ; nous découvrîmes ; vous comprîtes ; ils s'endormirent

Page 148

1. il aperçut ; ils aperçurent ; il reconnut ; ils reconnurent ; il obtint ; ils obtinrent ; il but ; ils burent ; il lut ; ils lurent ; il résolut ; ils résolurent ; il vécut ; ils vécurent
2. je fus aimable ; tu fus aimable ; il fut aimable ; nous fûmes aimables ; vous fûtes aimable(s) ; ils furent aimables

   j'eus peur ; tu eus peur ; il eut peur ; nous eûmes peur, vous eûtes peur ; ils eurent peur
3. Blondine dormit ; aucune bête féroce ne vint ; le froid ne se fit pas sentir ; elle se réveilla ; elle se frotta les yeux ; elle appela ; un miaulement doux lui répondit ; elle regarda à terre et vit
4. j'acquis ; tu dis ; elle fut ; nous fîmes ; vous crûtes ; ils sourirent

Page 157

1. que j'achète ; que nous achetions ; que je me réveille ; que nous nous réveillions ; que j'accompagne ; que nous accompagnions ; que j'envoie ; que nous envoyions ; que tu copies ; que vous copiiez ; qu'ils copient ; que tu loues ; que vous louiez ; qu'ils louent ; que tu distribues ; que vous distribuiez ; qu'ils distribuent ; que tu célèbres ; que vous célébriez ; qu'ils célèbrent

Page 160

1. il faut que je coure ; il faut que j'ouvre ; il faut que je serve ; il faut que je voie
2. bien que les tortues vivent ; afin qu'ils concluent ; que vous attendiez ; pourvu que Dan et Stéphanie finissent

Page 162

1. téléphone-moi pour que l'on convienne ; je désire qu'ils aillent ; nous souhaitons que vous réussissiez ; pourquoi craignez-vous qu'il vous reconnaisse ?
2. il faut que je rappelle ; que tu rappelles ; qu'il rappelle ; que je pèle ; que tu pèles ; qu'il pèle ; que nous voulions ; que vous vouliez ; qu'ils veuillent ; que nous transmettions ; que vous transmettiez ; qu'ils transmettent

Page 164

1. que je lise ; que tu lises ; qu'il lise ; que je sourie ; que tu souries ; qu'il sourie ; que je satisfasse ; que tu satisfasses ; qu'il satisfasse
2. que nous défassions ; que vous défassiez ; qu'ils défassent ; que nous décevions ; que vous déceviez ; qu'ils déçoivent

Page 167

1. que tu nous croies et que tu saches que nous sommes fiers de toi ; j'aimerais qu'il voie ce film avec nous pour que nous riions ensemble.
2. que j'entreprenne ; que tu entreprennes ; qu'il entreprenne ; que nous entreprenions ; que vous entrepreniez ; qu'ils entreprennent

   que j'éteigne ; que tu éteignes ; qu'il éteigne ; que nous éteignions ; que vous éteigniez ; qu'ils éteignent

   que je dissolve ; que tu dissolves ; qu'il dissolve ; que nous dissolvions ; que vous dissolviez ; qu'ils dissolvent

Page 170

1. il faut que tu t'achètes..., que tu prennes..., que tu réserves..., que tu fasses... et que tu ailles
2. Bien qu'il pleuve, je sors quand même. Bien qu'il comprenne la leçon, il ne sait pas faire l'exercice. Bien qu'il le voie chaque jour, il ne le reconnaît pas. Bien que le lièvre coure vite, il ne peut rattraper la tortue.
3. pour que tu sois à l'heure ; afin qu'il n'ait pas froid ; dis-lui qu'il prenne son temps et qu'il conduise doucement ; que faut-il que je fasse pour que tu te sentes mieux et que tu puisses profiter pleinement de ton séjour ?

Page 177

1. que tu sois arrivé(e) ; qu'il soit arrivé ; que nous soyons arrivé(e)s ; que vous soyez arrivé(e)(s) ; qu'ils soient arrivés

   que tu aies perdu ; qu'il ait perdu ; que nous ayons perdu ; que vous ayez perdu ; qu'ils aient perdu

   que je sois parvenu(e) ; que tu sois parvenu(e) ; qu'il soit parvenu ; que nous soyons parvenu(e)s ; que vous soyez parvenu(e)(s) ; qu'ils soient parvenus

   que j'aie mis ; que tu aies mis ; qu'il ait mis ; que nous ayons mis ; que vous ayez mis ; qu'ils aient mis

   que j'aie été fidèle ; que tu aies été fidèle ; qu'il ait été fidèle ; que nous ayons été fidèles ; que vous ayez été fidèle (s) ; qu'ils aient été fidèles

   que j'aie eu ; que tu aies eu ; qu'il ait eu ; que nous ayons eu ; que vous ayez eu ; qu'ils aient eu
2. Il faudra que nous ayons acheté, que nous ayons pris, que nous ayons réservé, que nous ayons fait et que nous nous soyons reposé(e)s

3. qu'elle ait fini ; qu'elles ne soient arrivées ; que vous ne soyez pas venu(e)s ; que tu aies cassé ; les cyclistes n'aient atteint ; ses efforts n'aient servi à rien

Page 181

1. La poésie de Jean de la Fontaine est lue par Filippo.

   Les noisettes sont mangées par l'écureuil.

   Nous dégustons de bonnes glaces : transformation impossible à la forme passive à cause du pronom « nous ».

   De bonnes glaces seront dégustées par les enfants.

2. Nous sommes arrivés tôt ce matin : forme active (verbe **arriver** au passé composé)

   Nous sommes punis. (Nous avons été punis) : forme passive

   Nous sommes blessés. (Nous avons été blessés) : forme passive

   Nous sommes descendus à la cave : forme active (verbe **descendre** au passé composé)

   Nous sommes sortis hier soir : forme active (verbe **sortir** au passé composé)

Page 187

1. Aide, secours et soutiens ; aidons, secourons et soutenons ; aidez, secourez et soutenez
2. n'aie pas peur et sois tranquille ; n'ayons pas peur et soyons tranquilles ; n'ayez pas peur et soyez tranquille(s)
3. 2e pers. du sing. : dénoyaute ; pèle et coupe ; fais ; retire-les et mets-les ; émince ; fais-les dorer ; remets ; épice et sale ; ajoute ; laisse ; accompagne ; sers

   2e pers. du plur. : dénoyautez ; pelez et coupez ; faites ; retirez-les et mettez-les ; émincez ; faites-les dorer ; remettez-les ; épicez et salez ; ajoutez ; laissez ; accompagnez ; servez
4. ne les regarde pas ; ne l'accepte pas ; ne lui accorde pas ; ne me le donne pas ; ne lui offre pas

Page 190

1. sois revenu(e) ; soyons revenu(e)s ; soyez revenu(e)(s) ; aie appris ; ayons appris ; ayez appris

Page 194

1. le chat remue ; il a bu ; Christine finit ; elle a fini ; la veste qu'il a choisie (accord avec le cod ***veste***) ; Matéo, Thomas et Andréa sont partis ; Héloïse et Marjolaine distribueront ; les hommes vivaient ; ils ne connaissaient pas
2. un genou écorché ; une plante verte ; un passant pressé ; une rue encombrée ; des portes fermées ; une fenêtre ouverte ; une enveloppe cachetée ; des timbres

Corrigés

collés ; une viande et un poisson grillés (nom féminin + nom masculin = adjectif masculin/pluriel) ; une histoire finie

3. Ma sœur aînée est plus grande que moi. Ma tasse préférée est ébréchée. Le citron est pressé. Les jolies fleurs étaient fanées. Les petits oiseaux étaient blessés. Isabelle et Jane sont jolies et intelligentes. Ma robe est déchirée, mon pantalon taché et mes chaussettes trouées.

4. la cigale a chanté ; les cadeaux qu'elle a achetés ; la société qu'il a créée ; les fleurs que nous avons coupées sont fanées ; le Petit Prince a demandé ; Victor Hugo a écrit ; certaines valses que Chopin a composées sont connues et souvent interprétées dans des soirées musicales.

5. p. composé : tu as couru ; p. simple : tu courus ; p. composé : elle a eu ; p. simple : elle eut ; présent : je dis et je fais ; p. composé : j'ai dit et j'ai fait

TABLE DES MATIÈRES